ZED

PARISIENS

ET

PARISIENNES

EN DÉSHABILLÉ

PARIS

ERNEST KOLB, ÉDITEUR

8, RUE SAINT-JOSEPH,

PARISIENS

ET

PARISIENNES

EN DÉSHABILLÉ

DU MÊME AUTEUR

ZED

PARISIENS

ET

PARISIENNES

EN DÉSHABILLÉ

PARIS

ERNEST KOLB, ÉDITEUR

8, RUE SAINT-JOSEPH, 8

—

LE SNOBISME

LE SNOBISME

Le mot est anglais ; la chose universelle. « Au commencement, Dieu fit le monde et avec lui les snobs. » La foule a eu de tout temps une vague notion de l'existence de cet insecte, mais il n'y a pas plus d'un demi-siècle que le monosyllabe expressif qui sert à le désigner a été inventé au delà de la Manche.

Malgré cette précieuse découverte, définir exactement le snobisme n'est pas très aisé. C'est un de ces phénomènes sociaux dont on devine l'existence, dont on ressent les effets au contact de tel ou tel individu plutôt qu'on ne les voit distinctement et qui doivent être rangés en première ligne parmi les innombrables couleuvres que la société nous oblige à avaler.

Cependant, je crois être aussi près que possible de la vérité en disant, avec Thackeray, que le snobisme consiste, surtout, à *admirer petitement de petites choses*. La conséquence logique de cet état d'esprit est de vouloir paraître ce qu'on n'est pas, de se préoccuper sans cesse de l'effet que l'on produit sur les gens que l'on admire, de les imiter, de les copier, de leur faire une cour servile, tandis qu'on traite les autres du haut de sa grandeur, de s'efforcer de se donner des airs, de montrer des goûts, des opinions, des préjugés et des ridicules que l'on n'a pas, uniquement par ostentation, par une sorte de considération aveugle et idiote pour ce que l'on s'imagine être le sublime de la distinction, de l'élégance et du chic et pour jeter de la poudre aux yeux aux

badauds; en un mot, de *poser* perpétuellement.

Du moment où un imbécile est parvenu à
se créer un faux idéal, du jour où une conception aussi baroque que mesquine du mérite, des distinctions sociales, de la notoriété
et du prestige s'est logée dans sa pauvre cervelle, il n'a pas de cesse qu'il n'ait satisfait
son ambition de pacotille; il compose son
maintien, il règle son existence d'après celle
de ses modèles, dût-il en mourir d'ennui; il
se fait l'esclave de sa manie, il s'agite, il
travaille sans trêve ni merci; il devient
agressif, puant, désagréable et grotesque;
bref, il endosse la livrée et présente tous les
symptômes du snob le plus complet et le
plus réussi qui se puisse rêver.

Le snobisme est de toutes les conditions
et de tous les milieux. Il n'est que juste,
pourtant, de reconnaître que c'est particulièrement dans les classes dites dirigeantes,
dans le *monde* grand et petit, aristocratique

ou bourgeois, qu'il s'épanouit dans toute sa beauté et qu'il produit tous ses fruits. Ne pas se figurer, au surplus, que le mal ne frappe que le menu fretin et qu'il ne sévisse que dans la catégorie des pauvres hères qui, relégués au second plan, éprouvent le besoin impérieux de singer les grandes manières, de suppléer par des artifices à ce que la nature leur a refusé et de s'en faire accroire. On peut être un très grand personnage de naissance, de fortune et de position et, en même temps, un parfait snob. Les *tompins* le deviennent par admiration béate pour les faits et gestes des grands pontifes, et ceux-ci sont entretenus et endurcis dans leur snobisme par l'imitation, les flagorneries et la sottise des *tompins*.

De sorte que c'est un cercle vicieux autour duquel l'épidémie, une fois déclarée, tourne sans interruption et se propage avec une incroyable intensité.

Ce qui est curieux, c'est qu'une pareille infirmité ait pu s'implanter à Paris, qui était peut-être l'endroit du monde le moins favorable au snobisme et aux snobs. Il y a à cela plusieurs raisons, dont deux à mon avis l'emportent sur les autres. D'abord l'anglomanie. Nous avons été empoisonnés par les Anglais.

Les modes britanniques, introduites chez nous sous l'influence de la vogue effrénée des courses de chevaux et de la monomanie de sport qui s'en est suivie, se sont graduellement infiltrées dans nos mœurs. Nous avons peu à peu apporté dans les relations mondaines toute la raideur, toute la sécheresse, tous les préjugés et tous les petits travers de nos voisins, en négligeant, toutefois, de nous approprier leurs idées, leur imperturbable sang-froid, leur fond d'indifférence et de réflexion, leur esprit de suite et... leurs institutions sociales. Nous avons remplacé la traditionnelle et proverbiale politesse française par je ne sais quelle morgue de parti pris, qui n'est nullement dans nos cordes, et nous laissant glisser sur cette pente, nous sommes arrivés peu à peu à nous persuader que, plus on est impoli, plus on est... Anglais, c'est-à-dire superlativement chic ; au point qu'à l'heure présente le plus grand nombre de nos élégants de haute marque croiraient de très bonne foi déroger en étant simplement bien élevés. Nous sommes devenus snobs sans devenir Anglais.

Une autre cause de snobisme est venue se greffer sur la première et a achevé de nous pervertir.

Je veux parler de l'avènement de la démocratie, triomphante sur toute la ligne, et du nivellement des classes sociales. L'égalité absolue n'étant malheureusement pas de ce monde, du jour où la considération et le prestige cessaient de s'attacher à la naissance, à la situation de famille, aux traditions héréditaires et aux grandes charges de l'Etat,

il fallait bien que les instincts humains se
rattrapassent sur autre chose. Et, comme il
ne restait plus, pour donner satisfaction aux
appétits, à la soif d'honneurs et de privilèges inhérents à notre pauvre espèce, que
l'argent avec tout ce qu'il entraîne de distinctions, d'inégalités, de différences dans le
genre de vie, de degrés dans l'opinion et
dans l'estime publique — tout contrepoids
ayant disparu — il a surgi, dans ce monde
nouveau, une élégance, une considération et
un prestige tout de convention et de fantaisie, forcément rabaissés et ne reposant que
sur des infiniments petits.

La troupe des sots et des vaniteux s'est
extasiée, faute de mieux, sur ce décor en
carton peint; le gros du public, toujours go-
beur, a suivi le mouvement, on s'est habitué
à prendre du strass pour du diamant vrai, et
le snobisme, déjà florissant, a fait de rapides
et immenses progrès...

Ceci posé, il s'agit de rechercher les effets

du snobisme parmi nous; d'examiner de quelle façon il se montre, quelle physionomie il a et quelles allures il affecte; dans quelles circonstances il apparaît et quels caractères il revêt suivant les milieux, les personnes et les objets qui en sont atteints. Il est certain, par exemple, qu'on n'est pas snob dans un salon de la même façon qu'au spectacle, aux courses, au club ou à la Chambre. De même que le snobisme littéraire ou artistique est très différent du snobisme purement mondain. Pour se bien rendre compte de ces nuances, il faut suivre le monstre à travers ses évolutions et ses transformations diverses. C'est ce que je me propose de faire à vol d'oiseau au fur et à mesure que l'occasion s'en présentera.

SNOBISME POLITIQUE

SNOBISME POLITIQUE

Par le temps de démocratie parlementaire et bourgeoise qui court, le snobisme politique bat son plein. On pourrait presque dire que toute la politique de notre pays n'est plus qu'un vaste snobisme. Et comment ne serait-ce point, du moment où l'engouement — je ne dis pas le respect — pour les signes extérieurs du pouvoir, la manie du galon et du fonctionnarisme ont survécu à l'autorité, au travail utile et au mérite réel qui étaient, à la fois, l'occasion et l'excuse de ces travers inhérents, paraît-il,

à notre race?... En présence de la paro-
die de gouvernement à laquelle nous assistons depuis trop longtemps, devant le puf-
fisme des partis, la mesquinerie, la bêtise,
la nullité, la vanité niaise et pompeuse des
groupes et des individus, il était logique, il
était inévitable que la grande majorité de
ceux qui s'occupent de politique en
acteurs, en spectateurs ou en dilettantes,
devinssent d'abominables snobs. C'est donc
ce qui est arrivé.

Ajoutez à cela, qu'à notre époque, chacun
étant en droit de s'imaginer qu'il est appelé,
sans rime ni raison, à avoir son heure de
notoriété, de considération et de succès, on
est tout naturellement disposé à adorer de
faux dieux, auxquels on ne croit pas impossible de se substituer un jour où l'autre et
que l'on encense à tour de bras, en se rengorgeant intérieurement, avec l'espoir, du
reste fondé, de leur ressembler et de les
égaler. Je ne signalerai que pour mémoire

l'importance exagérée que l'on s'est habitué à accorder, de nos jours, au talent oratoire et aux réputations de tribune, ce qui, au point excessif où une portion notable du public en est arrivée à cet égard, est encore un signe de snobisme des plus caractérisés. On a fini par considérer comme des hommes réellement capables et supérieurs des orateurs de premier ordre qui ne sont, le plus souvent, que de merveilleux ténors, sans autre valeur quelconque, et le *gogo* dévoyé a pris, là comme ailleurs, la fumée pour le feu, le clinquant pour le solide.

*
* *

Somme toute, le snobisme politique, aussi vieux que le monde, mais singulièrement développé chez nous par notre état social et gouvernemental, consiste, d'une part, dans l'admiration béate, idiote et inconsciente de la partie brillante, superficielle, théâtrale et un peu enfantine de la politique, des petits hommes et des petites choses ; d'autre part, dans la suffisance, dans la fatuité, dans l'ignorance, dans la mise en scène perpétuelle de ces mêmes petits hommes et dans la médiocrité grotesque de leurs œuvres comparée à leurs prétentions. Avouez que, sous ce rapport, il ne nous reste pas grand'-chose à désirer.

C'est par centaines que je pourrais citer des exemples à l'appui de cette définition. Mais, à ne prendre que les plus frappants, le Boulangisme — notez bien que je n'entends point parler ici du syndicat d'indignation et de dégoût dont le brave général n'est que le brillant représentant, — tel qu'un certain nombre de jobards le comprennent et le pratiquent, et plus encore l'antiboulangisme forcené de quelques poseurs, qui ne prennent cette attitude que pour se donner les airs capables et profonds de gens qui résistent au courant populaire, sont-ils autre chose, après tout, que du parfait snobisme

politique ? Et lorsque, dernièrement, la
moins tolérante, la moins impartiale, la plus
frivole et la plus nerveuse des Assemblées
parlementaires, dérogeant à toutes ses habitudes, écoutait bouche béante et dans le
plus profond silence le discours excellent,
du reste, d'un jeune député de l'opposi-
tion conservatrice, uniquement parce que
l'orateur passait pour avoir déjeuné avec
l'empereur de Russie et dîné avec le prince
de Galles, — particularité absolument
insignifiante au point de vue de l'équilibre
européen — que pensez-vous que cela fût,
sinon le comble du snobisme ?

*
* *

Le snob politique s'appelle légion. Les
variétés et les nuances en sont infinies ; il
prend toutes sortes de formes. Généralement il est député, chef de groupe ou
influent dans un groupe. Regardez-le pas-

ser avec sa tête de paon et son corps de serin, son air important et gourmé, sa redingote boutonnée jusqu'au menton, sa moustache en brosse, ses cheveux coupés ras, son œil de fauve. Regardez-le et inclinez-vous ; mais ne lui parlez pas. Il dédaignerait de vous répondre et vous ferait durement sentir le néant de votre condition. Intelligent, il ne l'est pas. Il n'a pas non plus le sens commun, et il est ignorant comme une carpe. Mais il a le don de se taire à propos, d'éviter les discussions embarrassantes et de combler par une réserve pleine de dignité et de sous-entendus les lacunes par trop profondes de son cerveau. A la Chambre il s'est créé une sorte de situation, par des interruptions à sensation, des intrigues incessantes dans les bureaux et les couloirs et par une agitation de mouche du coche qui étourdit et subjugue les collègues plus snobs que lui.

D'ailleurs, il connaît à merveille toutes les
sauces auxquelles on accommode la cuisine
parlementaire, ce qui n'exige que de très
minces capacités, et il attend toujours
un portefeuille qui s'obstine à ne point
venir. Dans la vie privée, il est entouré
d'une coterie qui le prend au sérieux, qui
s'aplatit devant ses lumières et dont il
dicte les opinions. Ses décisions y sont
sans appel ; on l'écoute comme un oracle,
lorsqu'il daigne ouvrir la bouche ; on le
cajole, on le vénère, on le flagorne et on
l'entretient dans la bonne opinion qu'il a
de lui-même. Puis, il cultive une ou deux
snobesses de profession qui se l'arrachent,
qui l'invitent à dîner, qui lui trouvent de
l'esprit, qui le présentent à leurs amis,
qui le promettent à leurs invités, qui
l'enguirlandent et qui s'en servent. Il est
ravi ; il les prend pour de véritables
grandes dames, il les regarde comme des
femmes supérieures, il est sous le charme,

il leur fait une cour discrète, il subit leur influence, il croit à leur autorité dans le monde politique et il accepte les yeux fermés tous leurs renseignements. Pauvre homme !...

Le snob politique fait partie d'un grand cercle. Il y apporte les dernières nouvelles du Parlement et y pérore de cinq à sept devant une douzaine de gobeurs snobs, bornés et suffisants par-dessus le marché, pénétrés de son importance et tout confits dans leur outrecuidante et solennelle sottise. Les gens intelligents, aussi clairsemés, si ce n'est plus, dans les réunions d'hommes su-perlativement élégants que partout ailleurs, fuient comme la peste ces conférences re-marquablement ineptes. Et si d'aventure un malin se fourvoie dans cette galère, le discou-reur se tait incontinent ; un sourire de mé-pris se dessine sur ses lèvres et ses clients médusés volent raconter à leur famille et à leurs amis, comme un secret d'Etat, les

bourdes sans conséquence que Monsieur ***
a bien voulu leur confier.

*
* *

Quant à la snobesse politique, c'est le
sublime du genre et le triomphe du ridicule.
Feu le prince Gortschakoff prétendait que la
politique vieillissait les femmes. J'estime
qu'elle fait plus, car elle les enlaidit et leur
enlève toute poésie. La snobesse de cette
catégorie a ceci de particulier qu'elle est
rarement de bonne foi et qu'elle ne croit pas
elle-même ce qu'elle s'évertue à persuader
aux autres. C'est ordinairement une intri-
gante — le plus souvent étrangère — adroite,
rusée, spirituelle, bavarde, barbouillée à la
surface de vagues notions de diplomatie
assaisonnées de quelques théories à effet sur
la politique intérieure qui hypnotisent les
tompins et horripilent les autres. Toute son
ambition et tout son travail se résument dans
la soif de la réclame et de l'apparence de

l'influence. Réunir dans son salon les premiers rôles de la politique, et, à leur défaut, les seconds et même les troisièmes, recevoir leurs hommages, passer pour être toute-puissante auprès d'eux et pour inspirer leurs résolutions, faire croire qu'elle est toujours bien informée, qu'elle tient les fils de toutes les intrigues et qu'elle distribue toutes les faveurs, est sa seule et constante préoccupation. Au fond, une femme insupportable et une maîtresse de maison parfaitement insipide.

Un autre type de snobesse, essentiellement moderne celui-là et tout d'actualité, c'est la nymphe sentimentale et agitée qui affiche une idolâtrie de convention pour le général Boulanger, qui lui envoie des fleurs, qui parle de lui aux petites camarades avec des transports d'enthousiasme et des larmes dans la voix, qui le suit partout, qui pose pour avoir sa confiance et pour être avec lui dans la plus étroite intimité, qui l'attend perpétuellement à son jour, où il ne vient jamais, qui offre à toutes les femmes de leur présenter le *grand charmeur* et à tous les hommes de les faire causer avec lui. Espèce naïve et sans conséquence qui ne fait de mal à personne. Nous avons eu les *Carolines*; nous avons maintenant les *Bou-langères* — sans écus pour la plupart. C'est plus gai et ce n'est certainement pas plus burlesque.

SNOBISME LITTÉRAIRE

SNOBISME LITTÉRAIRE

———

Avez-vous rencontré de par le monde un quidam entre deux âges, plutôt mal que bien conservé, chauve, grisonnant, le teint frais, les yeux ronds, la barbe rare, la tournure d'un répétiteur de droit, correctement et sobrement vêtu, bavard, suffisant, guindé et, habituellement... orléaniste ?

Il n'est pas académicien, il ne le sera même jamais ; mais il voudrait l'être et il espère bien y parvenir sous prétexte qu'il appartient à la coterie où, selon le mot célèbre d'une femme d'esprit, « on les prend tout petits pour leur apprendre à sauter sur les fauteuils ». Ne demandez pas s'il est intelligent. Il croit l'être et, qui plus est, il le fait croire aux autres. C'est l'essentiel et cela suffit à son bonheur. Ce qui le caractérise surtout, c'est une fausse érudition qui en impose aux ignorants, c'est-à-dire au plus grand nombre, un parti pris de critique, un ton dogmatique et sentencieux qui terrorisent les petits jeunes gens, une dissimulation et une rouerie à toute épreuve, une éloquence persuasive, des façons et des gestes légèrement efféminés et, brochant sur le tout, un colossal et imperturbable aplomb.

Il est sans cesse à l'affût de tout ce qui se publie, de tout ce qui se dit, de tout ce qui se fait, de tout ce qui se prépare dans le monde littéraire. Il recueille toutes les nouvelles et ramasse tous les potins. Il s'en empare, il se les assimile, il s'en imprègne, il en fait un choix et il se répand ensuite dans les salons pour y laisser tomber du bout des lèvres des aphorismes profonds, écoutés avec vénération et humilité par une clientèle idolâtre. Sa toquade de prédilection est de passer pour un fin lettré, que dis-je, pour un raffiné, d'en avoir le prestige et d'en récolter les petits profits. *Faire croire* à l'étendue de son savoir, à la sûreté de son goût et à l'intimité de ses relations avec les sommités les plus en évidence de la littérature contemporaine ; *avoir la réputation* d'un piocheur sans se donner beaucoup de mal et d'un écrivain de talent sans écrire jamais grand'chose, est le but constant de son activité et de ses efforts.

Un roman à grand tirage, des mémoires à prétentions, un ouvrage philosophique ou un article à sensation de la *Revue des Deux Mondes* viennent-ils à paraître, aussitôt il les parcourt ; il s'informe, sans perdre un instant, de l'opinion des grands pontifes, il calque son jugement sur le leur, il prépare son boniment, il calcule ses effets et il court chez ses amis où l'on n'attend que lui pour savoir ce qu'il convient de penser et de dire du livre ou de l'article du moment.

Il va sans dire qu'il s'attache, non au mérite, mais à la notoriété et à la réussite, qu'il ne s'occupe que de ce qui est destiné à faire du bruit, affectant de dédaigner les jeunes et les inconnus, et qu'il professe un souverain mépris pour les œuvres qui ne portent pas l'estampille des hauts barons de la féodalité littéraire. Ses aptitudes et son esprit sont universels, du moins il cherche à le persuader à la galerie. A l'entendre, il est l'auteur anonyme de tous les chefs-d'œuvre et, s'il a laissé à d'autres le soin de les publier, c'est qu'il ne saurait lui convenir, à lui homme du monde, de livrer son nom à la publicité. Vous ne le rencontrez jamais sans qu'il prétende avoir dans sa poche les éléments d'une comédie en trois actes qu'il n'a pas encore eu le temps d'écrire et sans qu'il vous glisse dans le tuyau de l'oreille que c'est lui qui a donné à Dumas et à Meilhac l'idée et le canevas de leur dernière pièce à succès...

Ce type gluant et ennuyeux, vous le connaissez. Vous l'avez subi bien souvent en l'envoyant intérieurement à tous les diables, et il s'est incrusté dans votre mémoire sous la forme d'un fâcheux de la pire espèce. C'est le snob littéraire.

*
* *

Autour de lui gravite tout un essaim de délicieuses *snobesses* élégantes, bien posées, séduisantes, coquettes et courtisées. Elles ne savent pas un traître mot des choses de la littérature, ni même du reste — ce que je ne songe point à leur reprocher, grand Dieu ! — et elles n'ont qu'un goût très modéré pour les beautés du style et les arcanes de la pensée. Mais, en revanche, elles sont très pénétrées de cette idée essentiellement moderne qu'une femme n'est vraiment chic, hors de pair, admirée et irrésistible que lorsqu'elle ajoute à ses charmes naturels le prestige du bel esprit et d'une intelligence familiarisée avec toutes les finesses de l'art d'écrire. Armées de cette conviction, ces dames accaparent le snob littéraire, qui, au fond, les horripile ; elles l'attirent, elles le cajolent, elles le flagornent, elles le retiennent par des câlineries incessantes, des regards pleins de promesses, des privautés platoniques, qui... vont parfois un peu plus loin, et par un *flirt* continuel soigneusement entretenu. Elles le consultent avec déférence sur le choix de leurs lectures ; elles demandent son avis à tout propos, elles suivent ses conseils, elles n'ont jamais d'autre opinion que la sienne, elles l'encensent perpétuellement et elle le maintiennent dans son snobisme.

*
* *

C'est pourquoi le snobisme littéraire est

devenu le travers à la mode et fait rage en ce moment. La plus belle moitié du genre humain en est infectée jusqu'à la moelle. Avec la puissance de prosélytisme qui leur est propre et que nous subissons tous tant que nous sommes bien plus encore que nous ne le croyons, les femmes accroissent de jour en jour le nombre des snobs littéraires, qui, sans leur protection, leur concours et leurs encouragements, ne tarderaient pas à devenir en France des phénomènes aussi monstrueux et aussi rares que les veaux à deux têtes ou les moutons à cinq pattes; bons, tout au plus, à figurer dans un musée ou à étonner quelques rastaquouères fraîchement débarqués.

Mais, au lieu de cela, grâce à quelques-unes d'entre elles — et non des moins huppées — nous sommes en train de nous enfoncer jusqu'au cou dans le ridicule le plus burlesque et le plus antifrançais qui se puisse imaginer. Non seulement elles y entraînent leurs maris, leurs intimes, leurs attentifs et tout leur entourage, mais encore elles forment des centres, elles ont des salons, où le snobisme littéraire s'étale dans toute son horreur.

Rien de plus compliqué, d'ailleurs, de plus sot, de plus agaçant et de plus odieux que l'existence des gens qui sont tombés dans cette funeste aberration. Ce que sa mise en œuvre exige d'efforts, de privations, de sacrifices, d'assujettissement, ce qu'elle comporte de mise en scène, de dissimulation, de *pose* idiote et de mesquineries obligatoires est inimaginable. Les formes sous lesquelles elle se manifeste varient à l'infini, suivant les circonstances, les personnes, les temps et les lieux. Il en est, pourtant, trois ou quatre qui sautent plus directement aux yeux et sont plus fréquemment employées. Je les indiquerai brièvement.

Il y a d'abord les dîners d'académiciens, c'est la forme la plus inoffensive et, en même temps, la plus brillante. Mais elle n'est pas à la portée de tout le monde, elle exige une fortune au-dessus de la moyenne, une maison très bien montée et un excellent cuisinier. Pour qui possède tous ces avantages, la chose est d'une rare simplicité. On se procure deux ou trois académiciens, bon teint, — ce qui, entre nous, n'est pas très difficile, — on les invite à tour de rôle avec des étoiles du *high life* panachées de quelques écrivains ou artistes amateurs, en ayant soin de donner toujours la place d'honneur aux immortels, quel que soit le rang ou l'âge des autres convives masculins. Puis on s'évertue à maintenir la conversation sur le terrain exclusivement littéraire, ce qui est d'autant plus bouffon que la grande majorité des assistants, à commencer par les maîtres de la maison, n'a que des notions plus que confuses sur la matière.

On laisse parler le plus possible les académiciens, qui ne demandent pas mieux, en se contentant de leur faire donner, de temps à autre, la réplique par les plus malins de la bande. On les écoute avec un petit air fin, qui les ravit ; on s'extasie chaque fois que l'un d'eux ouvre son auguste bouche pour accoucher d'une banalité quelconque et... on recommence le mois suivant.

Une autre manifestation de snobisme littéraire, c'est la rage furibonde de certaines femmes de la société de voir de près, de connaître, d'examiner, de disséquer, pour ainsi dire, les auteurs en renom, surtout les romanciers ; non pas ceux qui ont le plus de talent ou qui parlent à leur imagination — détail infime que cela — mais les plus connus, les plus vantés dans les régions ultra-élégantes, les plus à la mode en un mot. On voit de fort grandes dames faire de véritables bassesses pour atteindre ce résultat. Histoire de pouvoir dire qu'on a passé la soirée avec Bourget ou avec Guy de Maupassant, — les plus demandés à l'heure qu'il est — qu'on les connaît bien, qu'on leur a parlé, qu'on les a subjugués, et de se tailler un brin de réclame sur leur dos.

Enfin, les bons snobs et les bonnes snobesses de la littérature sont tenus, sous peine de déchéance, de ne lire que certains livres, de n'aller qu'à certaines pièces, de n'apprécier qu'un certain genre, de trouver tout excellent à la Comédie-Française lors même que c'est détestable, — ce qui arrive un peu trop souvent depuis quelque temps, entre parenthèses, — et tout mauvais ailleurs ; d'être censés lire régulièrement la *Revue* et de la laisser traîner négligemment sur leur table. Pour les femmes, les longs apartés, dans les réceptions, avec le ou les académiciens du jour sont de rigueur. Le pauvre Caro, de son vivant, a été la victime inconsciente et résignée de cette inepte turlutaine. Quoi qu'en aient dit les méchantes langues, il n'a jamais été ni snob ni ridicule par lui-même. Ce qu'il y avait de ridicule c'était les *Carolines*, rien que les *Carolines* et, malheureusement, elles lui ont survécu. Nous préserve le ciel de la propagation de l'espèce !

SNOBISME ARTISTIQUE

SNOBISME ARTISTIQUE

Le snob artistique est assurément l'un des plus bouffons et des plus insupportables que l'on puisse rencontrer. Le plus souvent, il est garçon; toujours mondain, oisif, poseur, paradoxal, poncif, ignorant et agité. Il frise la soixantaine, n'a abdiqué aucune de ses prétentions et vit dans la familiarité de certaines femmes auxquelles il s'impose par une réputation bien établie de connaisseur et d'homme de goût.

Dire qu'elles s'ennuient, au fond, en compagnie de ce raseur et que sa conversation les obsède, est superflu. Mais il est reçu que Monsieur un tel est le grand arbitre de la peinture, qu'il possède la science infuse, qu'il décide en dernier ressort, et il faut bien, pour maintenir son prestige, avoir l'air de comprendre son boniment et de s'intéresser à ses fadaises. On l'écoute donc avec résignation ; on l'interroge avec un joli sourire. — tout en pensant à autre chose, bien entendu ; on boit ses réponses ; on s'extasie sur la profondeur et la finesse de ses aperçus ; on feint de se passionner pour ses peintres de prédilection ; on lui montre d'affreuses croûtes qu'il déclare sans sourciller être d'un élève de Boucher et on l'écrase sous une avalanche de compliments que, naturellement, il prend pour argent comptant.

Il va sans dire qu'il abuse de la situation. Il professe, il pontifie, il juge à tort et à travers ; il prend des airs protecteurs et entendus. Il est, tour à tour, galant, enthousiaste, badin et sentencieux. Il a une opinion très arrêtée sur tous les maîtres et il les classe d'après leur vogue, d'après le prix courant de leurs tableaux, non d'après leur talent, qui échappe à sa perspicacité. Ne lui parlez pas des œuvres anciennes ; la plus estimée ne vaut pas cent louis et les amateurs qui se respectent n'en achètent sous aucun prétexte. Quant aux artistes contemporains, la plupart ont une réputation surfaite. Celui-ci ne sait pas dessiner ; celui-là pèche par la composition ; un troisième ne finit rien ; un quatrième emploie mal les couleurs et voit tout en violet...

Ceux qu'il daigne apprécier — les plus chics toujours — il les discute, il les dissèque, il les corrige. Le dernier tableau de X. était rempli de défauts ; les personnages du premier plan ne tenaient pas debout ; les chevaux ne marchaient pas ; les règles de la perspective n'étaient pas suffisamment observées. Il ne le lui a point mâché et on verra bien la prochaine fois que la leçon lui a profité.

Le dada favori du snob artistique est de prétendre avoir découvert chez un collectionneur obscur une ébauche de Delacroix ou de Meissonier, vraie merveille que personne ne connaît et qui est à cent piques au-dessus des toiles, beaucoup trop vantées, suivant lui, qui ont valu à leur auteur sa grande renommée. Tout cela débité sur un ton qui veut être enjoué et qui n'est qu'agaçant, avec accompagnement de termes techniques, de réticences calculées, de phrases à effet, qui transportent d'admiration la *tompinette* aspirant aux honneurs du chic artistique et la ravissent en extase.

La vie du snob artistique est une vie de galérien. Non qu'il fréquente assidûment le Louvre, qu'il voyage pour visiter les musées étrangers, qu'il cherche à se familiariser avec les chefs-d'œuvre, qu'il étudie les collections classiques, qu'il s'instruise d'une façon quelconque dans l'art auquel il est censé vouer un culte exclusif ; il s'en garderait bien. Mais il est tenu de ne pas manquer une belle vente, de connaître à l'avance l'opinion du commissaire-priseur sur les quatre ou cinq tableaux à sensation de chacune d'elles, de savoir exactement ensuite par qui ils ont été achetés et combien on les a payés, d'aller aux expositions, grandes ou petites, bonnes ou mauvaises, plutôt dix fois qu'une, de se tenir sans cesse au courant de tout ce qui se dit, de tout ce qui se potine, de tout ce qui se fait, de tout ce qui se brocante dans les ateliers en renom, chez les amateurs patentés et chez les marchands du *high life*, de saisir au vol le plus possible de conversations d'artistes, et de véritables connaisseurs, d'en retenir des bribes et d'en faire son profit. Toutes choses qui l'assomment, le malheureux, qui empoisonnent son existence, qui abrègent ses jours, mais qu'il se

3.

doit à lui-même et qu'exige impérieusement le rôle prépondérant et glorieux que sa nature raffinée lui a imposé dans le monde.

*
* *

Plus modestes et plus inoffensives sont les snobesses artistiques. Sans conviction pour la plupart et foncièrement récalcitrantes à toute manifestation de l'art qui dépasse les proportions d'une bonne gravure de modes, elles ne donnent dans le panneau que d'une façon intermittente et ne fonctionnent généralement que devant une galerie de snobs ; ce qui est une qualité et une garantie pour les gens simples et tranquilles. L'objectif des femmes étant toujours de plaire, fort heureusement pour nous d'ailleurs, et la pose artistique étant de celles que l'on affiche le moins fréquemment et le moins ouvertement, parce que les choses qui l'alimentent ne sont pas d'un usage courant, ces dames n'éprouvent nullement le besoin de manquer complètement leur effet et de risquer de passer pour ennuyeuses en pérorant devant des messieurs que ce genre de séduction laisse absolument froids.

C'est pourquoi elles tâtent le terrain avant de se lancer et ne s'aventurent qu'à bon escient. Ici j'ouvre une parenthèse pour faire une simple remarque. Dans le snobisme artistique, à l'encontre de ce qui se passe dans la majorité des autres cas, c'est le mâle qui entraîne la femme. Mais celle-ci, par sa faiblesse et sa complicité, endurcit le sexe laid dans son travers, fait qu'il s'y complaît et s'y délecte et l'empêche de s'en guérir lorsqu'il en a la velléité.

*
* *

L'activité de la snobesse artistique tient du prodige ; ce qui lui est, du reste, indispensable pour parvenir à concilier l'accomplissement de ses devoirs sociaux avec les exigences de sa manie. Elle reçoit régulièrement — et sans préjudice de ses autres relations — les deux ou trois snobs de distinction qui gravitent dans son orbite, qui forment son jugement et dictent ses appréciations.

Elle court à toutes les expositions, toujours dans la matinée, à l'heure des vrais dilettantes, en toilette d'une simplicité affectée et invariablement accompagnée et cornaquée par son directeur artistique du moment. L'après-midi, elle honore de sa visite les ateliers à la mode ; elle prodigue à leurs heureux propriétaires, qui, disons-le, ne s'en défendent que mollement, les coquetteries et les gentillesses ; elle hume, en retour, avec ivresse, la fumée de l'encens brûlé à ses pieds par les artistes ; elle regarde tout, elle touche à tout, elle farfouille partout ; elle s'imagine faire des trouvailles et elle raconte le lendemain au *five o'clock* de sa meilleure amie visiblement énervée de ce récit, comme quoi Chaplin, Carolus

Duran et Detaille sont des hommes charmants, pleins d'amabilité et de galanterie — on s'en doutait — cachant chez eux des trésors ignorés qu'ils ne révèlent qu'aux privilégiés et dont ils lui ont fait les honneurs, à elle, avec une grâce exquise. Suit une description émue des trésors en question... tous parfaitement connus depuis longtemps.

*
* *

La snobesse artistique, comme son équivalent masculin, d'ailleurs, dédaigne la sculpture. C'est trop froid, trop sévère, trop encombrant et pas élégant du tout. Si, par hasard, elle en parle, ce n'est que pour conspuer d'Epinay. Cela, par exemple, c'est de rigueur et cela vous classe immédiatement une femme parmi les prêtresses du *grand art*. Elle ne connaît ses œuvres que par ouï-dire ; qu'importe, elle n'en sera que plus à l'aise pour critiquer : « Ça, de l'art !

Fi donc ! C'est de la confiserie. Et puis, c'est d'un libertinage !... » et autres bons clichés à l'usage des imbéciles.

Mais le spécimen le plus agressif, et par par bonheur aussi le plus rare, de l'espèce, c'est la snobesse artistique qui opère elle-même et qui, en dehors de l'exercice normal de sa profession, perpètre, dans le silence du cabinet, des aquarelles et des pastels phénoménaux qu'elle a grand soin de faire retoucher, c'est-à-dire refaire, par un pauvre diable de professeur dressé à ce manège ingrat. Celle-là a ordinairement cessé de plaire depuis longtemps, si tant est qu'elle ait jamais plu. Elle est riche, laide, sotte, excentrique, vaniteuse, un peu bas-bleu et attifée en *printemps d'hôtellerie*, comme aurait dit Mme de Sévigné. Garez-vous de ses avances et fuyez-la comme la peste.

SNOBISME HIPPIQUE

SNOBISME HIPPIQUE

———

Si vous allez quelquefois aux courses de Longchamp, de Chantilly ou d'Auteuil, vous y avez certainement rencontré et très probablement remarqué — car il n'est pas de ceux qui passent inaperçus — le *snob* hippique. Il ne vous pardonnerait point, d'ailleurs, de l'ignorer et ne se consolerait jamais d'avoir héroïquement sacrifié en pure perte son repos, ses plaisirs, ses passions et le peu d'intelligence qu'il pouvait avoir à la noble ambition de vous faire gober qu'il est la fine fleur des sportsmen et de vous remplir d'admiration pour sa majestueuse nullité.

*
* *

Regardez comme il est bien, comme il est content de lui. Contemplez, avec l'humilité qui convient à un simple mortel, son chapeau gris dont la forme mirifique devance toujours la mode, sa mise recherchée et prétentieuse qui veut être anglaise et qui n'est que ridicule, sa gigantesque jumelle en sautoir derrière laquelle il disparaît, son air conquérant et dédaigneux de la vile multitude! A le voir circuler dans cet appareil imposant, un programme d'une main et un crayon de l'autre, la mine préoccupée et solennelle, allant de la tribune réservée au pesage, toisant les chevaux d'un œil de connaisseur, causant familièrement tantôt avec les jockeys, tantôt avec les titulaires des grandes écuries, accordant, en passant, un salut protecteur aux bookmakers de marque, vous jureriez qu'il est le plus compétent des hommes de cheval et le plus ferme soutien de la Société d'encouragement ; qu'il a, au moins, trois cent mille livres de rente, une des premières écuries de Paris et deux ou trois chevaux engagés dans chaque course.

* *

Eh bien, détrompez-vous. Le snob hippique n'a ni sou ni maille. Il ne fait point partie de la Société d'encouragement et il n'a aucun espoir d'y être admis. Il ne possède pas, il ne possédera jamais le moindre pur sang de courses ni de promenade, et il ne fait courir que ses créanciers. L'équitation, dont il ignore les principes les plus élémentaires, lui inspire une salutaire horreur et il ne sait pas un traître mot de ce qui concerne le plus noble des quadrupèdes. Monomane d'un genre spécial, suffisant et vaniteux, il a embrassé le sport hippique comme une profession ; c'est pour lui une carrière, un moyen de se pousser dans le monde et de s'y créer une situation que ne pourrait lui procurer son insignifiante personnalité. Partant du principe que la plus haute expression du chic est de figurer parmi les hauts barons du *turf* et que la meilleure manière de parvenir à la notoriété et à la réputation d'élégance à laquelle il aspire est de s'enrôler dans cette phalange privilégiée, il n'a pas eu de cesse que, de gré ou de force, il ne se soit faufilé dans la compagnie des sportsmen les plus en renom du *high life* parisien. Envahi par cette pensée unique, il a consacré à la réalisation de ses espérances tout son temps, toute son activité et toute son adresse, ne reculant devant aucun sacrifice ni aucun déboire, avalant toutes les couleuvres, ne se laissant rebuter par rien, se résignant à s'ennuyer perpétuellement, apportant un zèle inouï à des occupations qui, au fond, lui étaient profondément antipathiques, poursuivant lentement, mais sûrement, et sans désemparer, son but exclusif. Tant et si

bien, qu'à force de persévérance, de sou-
plesse, de fatigue, d'esclavage et... d'ineptie,
il a enfin vu le succès couronner ses efforts.
Ne riez pas; il est heureux. Les badauds le
prennent au sérieux; les souverains pontifes de l'amélioration chevaline le tolèrent
et lui témoignent même une certaine bienveillance en retour des égards qu'il a pour
eux; quelques beautés provinciales s'exta-
sient devant son incomparable élégance et il
se fait, lui, grâce à tout cela, la douce illusion qu'il est un des hommes les plus lancés
et les plus à la mode de Paris.

*
* *

Le snob hippique n'est pas méchant. Il
serait même bon enfant si sa grandeur ne
l'attachait au rivage et si la nécessité de tout
subordonner à la sollicitude qu'il est tenu
d'avoir pour sa gloire ne l'obligeait — souvent bien malgré lui — à traiter de haut les

malheureux qui végètent dans les bas-fonds où ne pénètre point la lumière éblouissante des parages équestres. Il ne les méprise pas, mais il les plaint ; et si, de temps à autre, il condescend à leur adresser une bonne parole, ce n'est pas sans une nuance marquée de commisération et de pitié.

N'allez pas vous imaginer qu'il s'amuse. Il n'en éprouve nullement le besoin et trouve même que ce serait bourgeois. Il accomplit sa destinée, il remplit les devoirs de sa charge et il jubile de son importance. Cela suffit à son bonheur et met le comble à ses vœux. Il ne fraie, du reste, qu'avec des sportsmen qualifiés et il ne cesse d'avoir à la bouche les mots les plus techniques et les plus anglo-saxons du vocabulaire sportique.

Gardez-vous de l'aborder lorsqu'il exerce son sacerdoce ; la vue d'un profane lui donne des nausées et il vous ferait une tête de l'autre monde. Pour ce qui est des femmes, il ne les aime guère et il ne les cultive que par pose, lorsqu'il se figure qu'elles peuvent ajouter un fleuron à sa couronne ; à moins, pourtant, qu'elles ne soient du petit nombre de celles qui donnent dans la sportomanie, auquel cas il les pourchasse, il les ennuie, il les obsède et il abuse de leurs faiblesses au point qu'elles finissent par se révolter et le mettre à la porte sans le moindre ménagement.

*
* *

Rien n'est plus répandu à notre époque que le snobisme hippique. C'est l'un des plus communs, des plus invétérés et des plus encombrants que les gens paisibles et sensés, qui ne cherchent pas midi à quatorze heures, aient à supporter. Il faut convenir que le sujet s'y prête merveilleusement et qu'il est on ne peut plus facile, lorsqu'on fait du sport hippique sa principale occupation ou seulement une spécialité, de tomber dans l'exagération et l'absurde. — On peut franchir la limite, sans presque s'en apercevoir. De plus, grâce au développement extravagant des courses depuis quelques années, la maladie sévit dans tous les milieux et dans toutes les classes de la société. Il y a des snobs hippiques partout, de toutes les catégories, de tous les âges et de tous les tempéraments ; on en rencontre à tout bout de champ ; on en voit se dresser devant soi, menaçants et terribles, au moment où l'on s'y attend le moins ; et, si l'on se dérobe par la fuite à ce spectacle morose, un autre de ces tristes compères surgit immédiatement. Le monde parisien en est infesté et nulle part on n'en est à l'abri. Mais, disons-le, c'est surtout aux alentours des grands centres de l'élégance et du bon ton, qu'éclôt, pullule et opère ce genre de malfaiteurs.

Fort heureusement, le beau sexe n'a été

jusqu'ici que très faiblement atteint par le microbe. Le bon goût des femmes et l'heureuse disposition de leur nature qui les porte en général, à rechercher un idéal raffiné et des émotions délicates, non moins peut-être que leur extrême nonchalance, les ont préservées, en grande partie, d'un travers trop vulgaire et trop terre-à-terre pour parler à leur imagination. Le plus souvent, elles le subissent, elles s'y résignent plutôt qu'elles ne se l'assimilent ; et si, par hasard, elles versent dans l'hippomanie — ce qui arrive — c'est de bonne foi, sans arrière-pensée, sans bruit, pour se consoler dans l'âge mûr des illusions envolées, pour plaire à un mari ou à un attentif atteint de la folie du sport, ou par simple désœuvrement.

Est-ce à dire, cependant, qu'il n'y ait pas à Paris de snobesses hippiques ? Ce serait s'avancer énormément que de le prétendre. Je crois bien, au contraire, que, sans beaucoup chercher, on arriverait à en

4

trouver cinq ou six parmi les plus en vue et les plus qualifiées, à une ou deux exceptions près, jeunes, jolies, élégantes, et — abstraction faite de leur infirmité — vraiment séduisantes, mais n'ayant réussi, en fin de compte, qu'à se rendre parfaitement insipides et ennuyeuses. La snobesse de cet acabit a ceci de particulier qu'elle est infiniment plus exagérée et plus excentrique que son mâle.

Elle supprime la coquetterie et la grâce féminines, fait bon marché de ses attraits et du charme pénétrant de son sexe et vous a des allures de garçon absolument choquantes et désobligeantes pour ceux d'entre nous — et ils sont nombreux — qui cherchent dans la femme autre chose qu'une mauvaise imitation de nos défauts. Elle a une galanterie à elle et des amoureux d'une race spéciale, pour la plupart aussi dénués d'esprit que de feu sacré. Elle n'est ni originale, ni piquante, ni amusante, ni intéressante, et le seul effet qu'elle produise aux hommes de goût et de bon sens, c'est de leur ôter l'envie de l'approcher. Qu'on se le dise, qu'on le leur dise et qu'elles renoncent à cette vilaine manie. Elles y gagneront autant que nous.

SNOBISME DE CLUB

SNOBISME DE CLUB

La clubomanie est une des maladies du jour. Le sexe laid --- parmi les gens du monde s'entend --- en est, dans son ensemble, plus ou moins infesté, et l'homme tant soit peu dans le mouvement qui ne fait pas partie d'un cercle quelconque est aujourd'hui un oiseau rare, je dirai presque un excentrique. Peu ou prou, nous nous sommes tous acoquinés au sans-gêne et au débraillé de la vie de club, et beaucoup d'entre nous en sont même arrivés à la préférer sans vergogne à la compagnie des femmes les plus spirituelles et les plus séduisantes. C'est incroyable et, pourtant, cela est.

Parmi les oisifs et les copurchics qui ont élevé la toquade du club à la hauteur d'une institution et qui y consacrent la plus grande partie de leurs nombreux loisirs, les trois quarts au moins sont d'une sincérité effrayante et absolument vierges de toute arrière-pensée de pose. Jeunes viveurs en pleine effervescence ou vieux garçons récalcitrants aux douceurs de l'hyménée, ils y vont bon jeu bon argent et ne veulent pas autre chose que profiter en sybarites des avantages de l'association et du confortable qu'elle leur procure. Il est certain que c'est une façon ingénieuse et honorable de vivre avec vingt mille livres de rente comme si on en avait cent.

Mais, en dehors de ces clubmen naturels et convaincus, il grouille de par le monde une infinité de bons jeunes gens et de tompins d'un âge mûr, tous plus médiocres et plus

effacés les uns que les autres, qui ne considèrent l'admission dans un grand club qu'au
point de vue du relief qu'elle est censée leur
donner, qui n'y voient qu'un brevet de chic
et de haute élégance, un moyen de pénétrer
dans le brillant monde de Paris et d'épater
leurs voisins de campagne. On n'a pas idée
de l'effet que ces choses-là font en province.

Ceux-là n'ont d'autre ambition en ce bas
monde, d'autre idéal, d'autre rêve, que
d'être reçus dans un ou plusieurs cercles
haut cotés dans le *high life*. Ils remuent ciel
et terre pour y parvenir et pour informer
ensuite la galerie du succès qu'ils ont rem-
porté. S'ils osaient, ils l'inscriraient en
lettres d'or sur leur carte de visite, s'imaginant, de très bonne foi, qu'ils viennent de
ceindre leur front d'une couronne, qu'ils
ont acquis un énorme prestige et qu'ils sont
devenus, du coup, des hommes importants.
Ils adoptent la vie de club comme on
embrasse une profession et ils s'y adonnent,

sans désemparer, avec un imperturbable
sérieux.

*
* *

Rien de plus compliqué et de plus
ondoyant, au surplus, que le snobisme de
club. Il varie selon les milieux et les individus, selon le degré de l'échelle sociale où
il éclôt et se développe, et il revêt toutes
sortes de formes, appropriées aux circonstances, suivant le point de départ de ceux
qui le pratiquent, le but plus ou moins
accessible qu'ils se proposent d'atteindre et
les moyens qu'ils doivent employer pour y
arriver. Les nuances à cet égard sont
infinies. Ainsi il en existe de très marquées
— pour ne citer qu'un exemple — entre les
effets de la monomanie engendrée et ali-
mentée par la rage de l'*Union* ou du *Jockey*
et ceux que produit la vision plus modeste
de l'*Épatant* ou de *la rue Royale*. Il est
donc assez difficile de définir avec quelque

précision les caractères généraux d'une
infirmité dont les conséquences, il est vrai,
sont identiques, mais dont les symptômes
sont soumis à des variations incessantes.

Toutefois, à ne considérer que les grandes lignes, sans s'arrêter aux détails, on
peut, ce me semble, établir en principe
que le snobisme de club consiste tantôt à
être en proie à l'idée fixe, au désir immo-
déré et maladif d'appartenir en même temps
au plus grand nombre possible de cercles
en renom, à son corps défendant, sans
inclination et sans autre mobile que le
cachet de parfaite distinction et de suprême
bon ton que l'on se figure que cela vous
donne, tantôt à dresser toutes ses batteries
en vue d'un seul — le plus huppé de ceux
auxquels on croit pouvoir aspirer — à
pénétrer de vive force dans la place, à
tâcher d'y acquérir ensuite, au prix de
sacrifices phénoménaux, une certaine
notoriété, à s'efforcer, par tous les moyens,

grands ou petits, avouables ou non, d'y conquérir une situation et à en tirer vanité.

*
* *

Le snob de club est généralement un personnage puant, inintelligent, cela va sans dire, mal élevé par principes — il est persuadé que ça le rehausse — plat et obséquieux avec les pontifes de la grande vie, ou ceux qu'il prend pour tels, hautain et insolent avec ceux qu'il considère comme du menu fretin. Du haut de son outrecuidante sottise, il professe un souverain mépris pour les choses de l'esprit et pour les gens qui les cultivent, et il conspue la littérature, dont il a la haine farouche et invétérée. Dire, après cela, qu'il n'adresse jamais la parole qu'aux mamamouchis qui font la pluie et le beau temps au cercle dont il croit être l'un des plus beaux ornements, ou aux cornichons de son espèce, pénétrés comme lui de l'importance des plus ineptes fadaises, est superflu. Il rougirait de se commettre avec le commun des mortels.

Naturellement, sa conversation est aussi endormante que vide. Elle roule invariablement sur trois ou quatre sujets d'une banalité révoltante et d'un ennui mortel : le jeu, le potin du jour, le bal de la veille, la fête du lendemain, la livrée et les chevaux de telle ou telle grande dame à la mode ou d'une horizontale à sensation, rien de plus. Même, dans ce cercle étroit, et fort heureusement du reste, il est vite au bout de son rouleau ; il se renferme alors dans un silence prudent et prend subitement, pour donner le change, une attitude pleine de majesté qu'il croit irrésistible et qui fait pouffer de rire la partie sensée de l'assistance. Les membres du club intelligents et agréables ont de son commerce une sainte horreur et s'enfuient à qui mieux mieux dès qu'ils l'aperçoivent.

Que dire de sa toilette ? Elle est comme sa personne, prétentieuse, affectée, guindée, provinciale et sans véritable distinction. Il ne vise qu'à l'effet, il n'a ni goût, ni une notion quelconque de l'élégance de bon aloi et il s'imagine avoir atteint le sublime du bon genre et du raffinement quand il s'est fait habiller chez le tailleur en vogue, qui, flairant son homme, n'a pas manqué de l'attifer de la tête aux pieds comme la plus ridicule des gravures de modes. N'importe, il est satisfait, il se rengorge, il s'admire et vous le surprendriez énormément si vous essayiez de lui insinuer qu'il n'est pas le plus correct et le plus *swell* des clubmen présents, passés et futurs. Il vous accablerait de son dédain.

L'existence du snob de club est d'une monotonie et d'une platitude achevées. Les émotions violentes ne la troublent point. Se lever entre deux et trois heures de l'après-midi, se faire une tête et un maintien, aller

directement au cercle toujours en voiture
pour ne pas crotter ses chaussures ni frois-
ser son col de chemise encore plus empesé
que sa personne, s'y ennuyer, y pontifier, y
dîner, et y rester le plus tard possible, tel
est l'emploi journalier de son temps. Il accomplit cette grave mission avec une régula-
rité automatique et ne voit rien au delà.
Tout au plus, de temps à autre, s'échappe-
t-il un instant sur le coup de cinq
heures pour faire une tournée platonique
chez *ces demoiselles*, à qui il raconte qu'il
vient du club, qu'il y retourne, qu'il y est
attendu par le duc Chose et que le petit
Machin, la coqueluche des boudoirs, est
en train d'y perdre cinq cents louis au bé-
sigue.

Sa grande préoccupation, après celle
d'être pris au sérieux par les membres
influents du cercle, est d'y être vu par les
gens du dehors et de bien leur montrer qu'il
y passe sa vie. Il a donc soin de paraître au

balcon au bon moment, de s'y étaler, d'y
attirer l'attention et de saluer avec affectation les personnes de sa connaissance qui
passent dans la rue — surtout si elles
sont en brillant équipage — du plus loin
qu'il les aperçoit. Il s'arrange aussi pour
se faire demander à la porte, aussi souvent
qu'il le peut, par les petites femmes de son
intimité. Il se fait adresser au club toute sa
correspondance et y donne volontiers rendez-vous à ses fournisseurs. Il y a encore
des innocents et des ingénues que cela
méduse et qui se laissent prendre à ce
truc vulgaire.

*
* *

Le snobisme de club est un des rares qui
n'atteigne pas directement le beau sexe. Il
semblerait même, à première vue, que, ne
pouvant pas donner activement dans ce travers d'essence exclusivement masculine, il

dût être complètement à l'abri de la contagion. Mais ce n'est pas tout à fait ainsi que les choses se passent. On rencontre, par-ci par-là, — il vous est certainement arrivé d'en trouver — principalement parmi les étrangères et les petites bourgeoises, quelques beautés candides et inexpérimentées, voire même un peu sottes, qui tombent en pâmoison en entendant prononcer le nom de tel ou tel club en vedette et qui vous cotent carrément un homme d'après le cercle auquel il appartient. Ce sont des snobesses insipides, en général peu encombrantes, et qui n'ont d'autre inconvénient que de faire, à l'occasion, le jeu des snobs de club, ravis des les appeler, de temps à autre, à la rescousse.

Quant à la douzaine de divorcées sur le retour, en rupture de galanterie et de névrosées épileptiques, de sexe neutre, qui ont imaginé de fonder des cercles de femmes — d'ailleurs mort-nés — elles n'ont rien à voir dans la question. C'est au Dr Charcot, dont elles relèvent directement et qui les réclame à cor et à cris, qu'il faut tout simplement les envoyer.

SNOBISME DU BIBELOT

ET DE LA CURIOSITÉ

SNOBISME DU BIBELOT

ET DE LA CURIOSITÉ

Pour le coup voici le roi des snobs. Je l'ai gardé pour la bonne bouche. Je veux parler du monsieur qui, n'étant ni artiste, ni connaisseur, ni homme de goût, se persuade à lui-même et cherche surtout à persuader aux autres qu'il a la passion du bibelot et de la curiosité. Cela fait bien dans le paysage et vous métamorphose, en un clin d'œil, le plus vulgaire et le plus bourgeois des cuistres en marquis de l'ancien régime. Il le croit du moins ; et c'est là ce qui le perd.

Comment ne pas avoir l'air aristocratique et talon rouge quand on s'entoure
de toutes les merveilles de l'art ; quand
le luxe délicat et raffiné des grands seigneurs d'autrefois n'a plus aucun secret
pour vous ; quand on a l'habitude de prendre son café sur le guéridon de Marie-
Antoinette et de faire sa correspondance
sur le bureau du duc de Richelieu ?

On peut bien être un peu empêtré de
vivre en compagnie de ces splendeurs
d'un autre âge, assez incommodes souvent
et mal assorties pour la plupart aux trivialités et aux mesquineries contemporaines. On est foncièrement récalcitrant,
par nature et par éducation, aux jouissances artistiques et aux charmes de l'élégance. On leur préfère, dans son for intérieur, les choses banales, simples et
pratiques pour lesquelles on était né et
auxquelles on est accoutumé depuis sa
plus tendre enfance.

Mais qu'importe ? Ne faut-il pas être à la mode, faire parler de soi, paraître ce qu'on n'est pas, avoir du relief, du galbe, du brillant, des façons d'homme du monde, être recherché par les femmes et accepté dans la société ? Tout est là.

Le snob du bibelot et de la curiosité est généralement un parvenu de la plus belle eau qui, après avoir fait fortune dans les arbitrages ou les cotons, éprouve le besoin, assez naturel du reste, de se décrasser un brin et d'acquérir quelque notoriété dans les régions supérieures où l'argent seul ne suffit pas toujours à vous créer une situation.

*
* *

Il a passé la cinquantaine et est ce qu'on est convenu d'appeler bien conservé, c'est-à-dire qu'il n'est ni cacochyme, ni infirme et qu'il n'a rien, dans son extérieur de précisément répugnant. Assez avarié, pour le surplus, il est obèse, chauve, grisonnant, ridé comme une vieille pomme reinette, gauche, lourd dans sa démarche et dans ses gestes, et mis avec une prétention et une recherche de mauvais goût qui lui donnent l'aspect et la tournure d'un croque-mort endimanché.

De l'esprit, il n'en a guère. D'éducation, de tact, de savoir-vivre, pas davantage. Mais, en revanche, quel aplomb, quelle outrecuidance, quelle satisfaction de soi-même, quelle confiance dans la puissance de ses millions! S'il vous parle curiosités — genre de conversation qu'il affectionne entre tous — il prend un air capable, vous regarde du haut de sa grandeur et vous insinue à mots couverts, avec le plus profond dédain, que vous n'y entendez rien, que cette sorte de passe-temps, réservé aux seuls privilégiés qui peuvent jeter les billets de banque par les fenêtres, n'est pas à la portée d'un pauvre diable comme vous et que vous n'avez jamais ramassé que les miettes que lui et ses pareils ont bien voulu laisser tomber de leur festin.

Sa collection de vieux Saxe, son service de Sèvres venant du duc de Choiseul, sa pendule Louis XIV achetée à la dernière grande vente de la rue Drouot, ses boiseries incomparables payées deux cent mille francs aux propriétaires actuels du fameux hôtel de Samuel Bernard, à la bonne heure ! Voilà ce qui est beau ! Voilà ce qui est rare ! Voilà ce qui vous pose un homme ! Mais, pour ces petites saletés qui proviennent on ne sait d'où et qu'on a pour un morceau de pain, il vaut mieux n'en pas parler. Elles ne valent rien ; elles ne peuvent rien valoir. Est-ce que tout ce qui est bon ne commence pas par lui être offert à lui ?...

*
* *

Il vous regarde dans le blanc des yeux, en pérorant avec emphase et en se grisant

de ses paroles, avec commisération, presque
avec mépris, et il semble vous dire : « Malheureux, à quoi bon te fouler la rate et t'imposer des privations pour un résultat aussi
pitoyable que celui que tu atteins. Tu n'as
pas le sou. Tu n'es qu'un profane et un
utopiste »...

Poussez-le un peu et vous vous ferez une
pinte de bon sang à l'audition du récit des
affaires, toujours exceptionnelles et toujours de premier ordre, qu'il s'imagine avoir
conclues. Ce qu'il a découvert, dans les cinq
parties du monde, d'objets *uniques* est inimaginable. L'armure authentique de Charles-
Quint, le coffre à bois de Henri III, les tapisseries des Gobelins qui étaient dans la chambre de Louis XIV à Versailles, la chaise
à porteurs de Mme de Pompadour, la
marotte de Triboulet, les flambeaux de
Mme de Maintenon, le lit de la Dubarry, les
boucles d'oreilles de Diane de Poitiers,
les ivoires, les aiguières, les coupes ciselées

ou repoussées, toujours du xvie siècle, bien entendu, les faïences persanes, les porcelaines du Japon, les émaux de Limoges, les cloisonnés chinois, le chiffonnier en vernis Martin de Mme de Parabère, la boîte à mouches de n'importe qui, l'éventail de la princesse des Ursins, les lunettes de Mme du Deffand, que sais-je encore; tout cela, il l'a eu de première main et il défie qui que ce soit d'en exhiber autant. Si quelqu'un s'avise de prétendre qu'il a aussi bien, c'est un farceur ou un jobard. En dehors de lui, il ne peut y avoir que des copies, de la camelote ou du faux. Lui seul possède le vrai, le beau et l'introuvable.

Il va sans dire que le bonhomme, trois fois sur quatre, a été volé comme dans un bois et qu'on s'est moqué de lui dans les grands prix. On lui a fait payer une rançon de roi des surmoulés et des meubles modernes détériorés à s'y méprendre, que, pour comble de malice, on avait même eu soin d'expédier au fin fond de l'étranger où il les a dénichés comme une trouvaille.

*
* *

On m'a conté que, dernièrement, averti par ses limiers, qui ne se font point faute de l'exploiter, qu'il y avait dans je ne sais plus quel trou d'Italie une faïence extraordinaire absolument inconnue et d'un prix inestimable, il s'était empressé de faire le voyage et d'acquérir le précieux bibelot pour la modeste somme de cinquante mille francs. De retour à Paris, tout fier de son exploit, il n'a rien de plus pressé que de faire venir chez lui un marchand de sa connaissance et de le conduire incontinent devant l'objet : — Eh bien ! qu'en dites-vous ? Avez-vous jamais rien vu de plus splendide ? Ça vaut cent mille francs comme un sou, et je ne le donnerais pas pour le double.

— Oui, répond l'autre sans se déconcerter, ce n'est pas mal. Mais attendez-donc, il me semble que je connais ça...

... Parfaitement. C'est moi qui l'ai réparé il y a trois mois et je l'ai vendu cinquante louis...

Est-ce assez réussi et assez complet?

Le meilleur de l'histoire est que le snob indécrottable n'a pas cru un mot de ce que lui avait dit l'industriel, qui, pourtant une fois par hasard, était absolument sincère, et qu'il continue à se figurer qu'il a trouvé la pie au nid. Cette engeance est stupéfiante de naïveté.

*
* *

Habitué à végéter et à se complaire dans un appartement garni d'un superbe mobilier en acajou, avec quelques mauvaises chromolithographies pour tout ornement, et à manger dans de la terre de pipe, le snob du bibelot et de la curiosité, qui a passé la plus grande partie de son existence au milieu d'une atmosphère encore plus prosaïque que monotone, se trouve singulièrement embarrassé et ennuyé lorsqu'il s'agit de se mouvoir dans le fouillis plus ou moins artistique, mais, dans tous les cas, somptueux et recherché de l'étalage de bric-à-brac dont il a jugé à propos de s'entourer. Il s'y promène avec orgueil mais de l'air penaud et attrapé d'une poule qui a couvé des canards.

Son train de vie, d'ailleurs, est loin d'être couleur de rose. Courir perpétuellement les magasins, les expositions et les ventes, lire un monceau de catalogues, sans y comprendre un traître mot, être sans cesse à l'affût de toutes les vieilleries à vendre dans le monde entier, recevoir tous les courtiers et tous les brocanteurs véreux qui fourmillent sur le pavé de Paris, expédier des émissaires dans toutes les directions et se répandre, par-dessus

le marché, chez les grands connaisseurs
et chez ses amis et connaissances pour y
parler, avec chaleur et autorité, de choses
qui vous ennuyent à périr et auxquelles on
est complètement étranger, quel supplice!
C'est pourtant là le sort qui lui est réservé.
Il se couvre de gloire; mais il est grande-
ment à plaindre, — si tant est que le
comble du ridicule puisse jamais inspirer
de l'intérêt et de la pitié.

Ainsi va le monde! Il y a un demi-
siècle, tout au plus, l'élite des gens élégants faisait fi des antiquailles et les
laissait tranquillement pourrir au grenier
pendant qu'on dépensait beaucoup d'argent pour renouveler son mobilier et
s'installer à la moderne. Aujourd'hui, on
n'aime que le vieux, on ne se plaît que
dans le passé et les épiciers enrichis dans la
cassonade se ruinent dans les tapisseries,
les bronzes et la porcelaine. A quand la
mode nouvelle et le discrédit du bibelot?

AUX EAUX

AUX EAUX

Si quelque chose est changé en France
depuis dix ou quinze ans au point d'être
devenu méconnaissable, c'est assurément
l'aspect des villes d'eaux, les gens qu'on y
rencontre et la vie qu'on y mène. Il va sans
dire que je n'entends point parler ici des
vrais malades, qui vont soigner leurs rhu-
matismes ou leur catarrhe et qui, malheureusement pour la pauvre humanité, ne
diffèrent en rien de leurs devanciers, si ce
n'est, pourtant, sur un point : c'est qu'à
force de multiplier les stations thermales et

d'inventer des eaux souveraines pour chaque espèce de maladie et d'infirmité, on a singulièrement augmenté le nombre des malades imaginaires et des maniaques d'une admirable naïveté qui sont persuadés que d'avaler un nombre phénoménal de verres d'eau sentant les œufs pourris, au lieu de l'eau limpide et agréable de leur carafe, suffit pour les maintenir dans une éternelle jeunesse et pour prolonger indéfiniment leur précieuse existence.

Quoi qu'il en soit, le clan des infirmes et des convaincus, hallucinés ou réels, ne s'est pas, dans son ensemble, sensiblement modifié. Il est resté le même que par le passé, se tenant à l'écart, ne faisant pas de bruit et ne se mêlant qu'exceptionnellement au tourbillon et à la foule, pour ne pas dire à la cohue, inévitables, par le temps qui court, dans les lieux de délices où, sous prétexte d'hygiène, quiconque se respecte se croit obligé de se transporter, ne fût-ce que pour

huit jours, du premier juillet au trente sep-
tembre.

Mais les amateurs, les touristes et les flâ-
neurs! — remarquez que c'est le plus grand
nombre — les gens qui se portent comme
vous et moi, peut-être même beaucoup
mieux, qui encombrent les promenades, le
Casino, les salles de jeu, qui grouillent dans
tous les coins, qui vous coudoient, qui vous
bousculent, qui vous dévisagent, qui vous
adressent la parole à brûle-pourpoint sans
vous connaître et comme si vous aviez passé
votre vie à garder les... dindons avec eux!
Quel monde, grand Dieu! Quel mélange,
quel genre, quelle dégaine pour la plupart,
quelle absence d'élégance et de distinction!
Et comme le frottement obligatoire mais
non gratuit — il s'en faut — avec cette
tourbe bruyante, criarde, vulgaire et monotone vous fait regretter le pavé de Paris,
votre club et les coulisses de l'Opéra!...

Je ne voudrais pas faire concurrence à

M. Thiers et à Napoléon Ier en débinant les chemins de fer. Mais il est certain qu'avant qu'ils eussent favorisé outre mesure le déplacement des citoyens malpropres et mal élevés, on était beaucoup moins exposé à en rencontrer partout et à avoir l'existence empoisonnée par le spectacle et le contact de trivialités qui peuvent avoir leur raison d'être, mais qui manquent totalement de charme pour les personnes habituées à la bonne compagnie.

*
* *

Autrefois, à une époque qui n'est pas encore très éloignée, les stations balnéaires, même les plus renommées et les plus à la mode, renfermaient infiniment moins d'attractions qu'aujourd'hui et offraient certainement moins de confort. C'était plus simple, plus primitif, plus tranquille, plus restreint comme nombre et comme distractions. Mais l'élégance, le chic et le bon ton y dominaient. Les brillantes coteries mondaines, qui seules, dans ces jours heureux, avaient le privilège et le goût de cette catégorie de sport, s'y considéraient comme chez elles et y faisaient la pluie et le beau temps. Le reste ne comptait pas; et les rares tompins qui s'aventuraient alors dans les principaux centres de la haute vie en été, soit aux eaux, soit aux bains de mer, se sentaient en si infime minorité qu'ils se gardaient bien de faire du tapage et qu'ils n'étaient nullement gênants.

Dans ces dernières années, au contraire, l'élément purement mondain a beaucoup perdu de son importance. Le *high life* s'est éclipsé des villes d'eaux au fur et à mesure que les nouvelles couches les envahissaient et le peu qui en est resté se trouve noyé dans l'océan de médiocrité bourgeoise qui grandit à vue d'œil et engloutit toutes les aristocraties. Là comme ailleurs, la quantité a remplacé la qualité, le public n'est plus ce qu'il était, l'atmosphère dans laquelle on vit, n'en déplaise aux chroniqueurs enthousiastes, a subi des changements radicaux, et l'existence qu'on y mène, plus fiévreuse, plus brillante en apparence qu'auparavant, est, en somme, moins amusante sinon tout à fait insipide.

Grâce à l'extrême facilité des communications, au bon marché des voyages, à la prépondérance de l'argent sur une foule de choses qui le primaient jadis, grâce aussi à l'incroyable rapidité avec laquelle ce même argent s'acquiert par la spéculation et se déplace de même, la petite bourgeoisie de province et les brasseurs d'affaires de troisième ordre ont pris possession de la presque totalité des bains de mer et de terre ferme et y règnent en maîtres. C'est partout une nuée d'épiciers, de bonnetiers, de clercs d'avoués de Carpentras ou de Brive-la-Gaillarde, avec leurs *Dames* et leurs petites familles, bien entendu, et de courtiers en goguette plus encombrants que distingués. Ces derniers, surtout, ont le verbe haut, la joie bruyante, les façons débraillées comme leur toilette. Ils sont, parfois, d'un sans-gêne ébouriffant, se croient complètement chez eux et vous le font sentir...

Tout ce monde accapare le Casino, remplit la salle de spectacle, obstrue la plage ou la promenade, crie, gesticule, gambade, boit, raconte tout haut devant la galerie ses affaires intimes et ne vous laisse ni un instant de répit ni un coin pour respirer à l'aise. Rien de bien attrayant comme on voit!

Quant à la vie des eaux, elle se résume dans quatre choses qui ne sont guère plus folichonnes les unes que les autres : l'hôtel, le Casino, les excursions, l'établissement thermal.

Connaissez-vous quelque chose de plus ennuyeux et de plus crispant qu'un hôtel? Une des heures les moins désagréables qu'on y passe c'est encore celle de la table d'hôte. C'est banal, c'est long, c'est mauvais, c'est incommode ; mais c'est quelquefois drôle et on y fait des remarques qui ne manquent pas de saveur. Et puis, au bout de quarante-huit heures, à moins d'avoir un caractère détestable, on est forcément l'ami intime de ses voisins ou voisines. Bon gré, malgré, on finit par causer. Il arrive même qu'on flirte avec la femme ou la fille de son apothicaire, et vous n'avez pas idée du plaisir que l'on éprouve à mordre à ce fruit défendu à Paris... Par exemple, la conversation n'est pas d'un intérêt palpitant et ne s'élève point à des hauteurs inaccessibles :

— Avez-vous visité la cascade de G...? C'est un site délicieux.

— Pas encore. Mais je compte y aller demain. A quelle distance est-ce d'ici ?

Ou bien encore des phrases comme celle-ci :

— Quel est votre médecin ?

— Oh ! je n'en ai pris un que pour la frime. Je n'en ai nullement besoin. C'est le Dr X... Il est plein d'esprit et si aimable !

— C'est, sans contredit, le meilleur de l'endroit, et c'est lui que je prendrais si je ne m'étais juré de rester fidèle à mon vieil ami Z...

Et l'on prétend que les voyages forment la jeunesse !...

Un autre moment de la journée où l'hôtel offre un quart d'heure de distraction — pas plus, — c'est celui où l'on se réunit dans le *hall* pour la promenade. Les femmes ont fait toilette ; et c'est toujours joli des femmes en toilette, même lorsqu'elles sont laides et d'une distinction douteuse. On grimpe sur les *breaks*, on s'y entasse, on s'y empile et l'observateur désintéressé ne manque pas de saisir au vol des petites manœuvres très amusantes

et de découvrir des points de vue excessi-
vement pittoresques.... N'insistons pas.

*
* *

Que dire du Casino? si ce n'est qu'il faut
avoir le diable au corps et arriver en droite
ligne de son village ou de son arrière-bou-
tique pour aller s'enfermer, par trente
degrés de chaleur, à côté d'une nature
splendide, dans un four où l'on étouffe, et
où l'on se livre, en mauvaise compagnie,
à une foule d'exercices qu'un Parisien a si
commodément sous la main pendant le
reste de l'année.

Pour ce qui est des excursions, il est vrai
qu'il y en a de ravissantes. Mais les ex-
cursionnistes vous les gâtent, et la manière
dont on les fait, les moyens de locomotion
dont on dispose, l'organisation idiote à
laquelle elles sont, en général, soumises,
l'admiration de commande qu'on prétend

vous imposer, leur enlèvent une grande partie de leur attrait.

Et les types ! Et les silhouettes grotesques, les viveurs de pacotille, l'accoutrement aussi prétentieux que ridicule de pas mal de petits messieurs !... Il faut renoncer à les décrire.

Bref, si on est confortablement installé à Paris et si on n'a ni la goutte, ni la gravelle, ni la fâcheuse dyspepsie, il vaut encore mieux rester chez soi et aller prosaïquement dîner de temps à autre à Bougival que de courir les villes d'eaux ou les bains de mer, où l'on s'assomme, et qui n'ont plus à l'heure actuelle ce qui les faisait rechercher par un certain nombre de jobards : un cachet de chic et d'élégance. M'est avis que le temps est proche, si ce n'est déjà fait, où ce sera même très mal porté.

DEMI-CASTORS

DEMI-CASTORS

J'avais reçu, je ne sais comment, une invitation à passer la soirée chez la marquise *Vent-du-Soir*, dont le nom m'était aussi complètement inconnu que la personne; et, après bien des hésitations, la curiosité l'emportant, je m'étais décidé à endosser l'habit noir et à me transporter au quartier Monceau où respire la marquise.

Imaginez-vous un coquet petit hôtel d'apparence aristocratique, très simple, très élégant et très correct. Des salons étincelants de lumières, arrangés avec goût, sans prétention ni faux luxe et littéralement bondés de femmes couvertes de diamants et de seigneurs cravatés de blanc : l'ensemble ayant, ma foi, fort bonne façon. Pas toutes au printemps de leurs jours, les femmes ! La plupart ont visiblement doublé le cap de la trentaine et portent sur leur visage l'empreinte d'états de services très respectables. Mais quel chic et quelle allure !... L'extérieur et la tenue des mâles sont irréprochables. Ils sont, en général, bien tournés, distingués et paraissent de bonne compagnie. Beaucoup, quoique tirés à quatre épingles, me font l'effet d'être prodigieusement défraîchis ; quelques-uns sont carrément vieux, voûtés, usés, ratatinés, maquillés, avachis ; leur physionomie reflète des passions séniles, des velléités impuissantes et maladives. D'autres — très clairsemés — ridiculement jeunes, imberbes, l'air ébahi, l'œil enflammé, respirent la béatitude et le contentement. On voit qu'ils sont flattés de se trouver à pareille fête, qu'ils sont heureux, qu'ils sont excités et qu'ils se croient en bonne fortune. Dans tout cela, à peine quelques rares figures de connaissance. Drôle de milieu, tout de même ! Et d'où tous ces gens-là sortent-ils ?...

Réfugié dans l'embrasure d'une fenêtre, j'observais attentivement, depuis un quart d'heure, le singulier spectacle qui se déroulait devant moi, cherchant à distinguer les types, à reconnaître les femmes, à démêler la composition de ce monde nouveau, à savoir enfin où j'étais, et je commençais à éprouver des symptômes non équivoques d'énervement et d'ennui, lorsque je vis venir à moi mon ami Sainte-Agathe, le célèbre, le répandu Sainte-Agathe, qui va partout, qui connaît tout, qui sait tout... Sauvé, mon Dieu ! !

— Ah ça ! lui dis-je, sans lui donner le temps de me serrer la main, chez qui sommes-nous, ici ? Et qu'est-ce que c'est que cette marquise ? J'avoue que je ne m'en doute pas...

— La marquise ?... Vous ne connaissez pas la marquise ?... Mais, mon cher, d'où arrivez-vous ? Comment, vous ne savez pas que c'est la plus capiteuse, la plus à la mode, la plus élégante, la plus recherchée et la plus roublarde des demi-castors ?

— Fort bien : voilà un renseignement. Mais il est incomplet et je ne serai définitivement fixé que lorsque vous m'aurez expliqué ce que c'est au juste qu'un demi-castor. Entre nous, j'en ai, comme tout le monde, une vague idée ; j'ai souvent entendu appeler ainsi telle ou telle femme plus ou moins galante ; j'ai employé moi-même, sans trop m'en rendre compte, cette expression, pour désigner certaines personnalités féminines d'allures démesurément libres, de situations équivoques et de mœurs plus... indépendantes que ne le permettent les préjugés mondains; je n'ignore point qu'il s'applique à des beautés fantaisistes qui ne sont ni cataloguées, ni classées dans ce qui nous reste de société. Mais je confesse humblement ne pas savoir exactement ce qu'il signifie. Et, puisque je vous tiens, vous allez compléter mon éducation. L'occasion est excellente et je ne vous lâche sous aucun prétexte.

— Ce que vous me demandez là, mon cher ami, n'est pas aussi facile que ça en a l'air. Certains types parisiens — et celui-ci est du nombre — sont faits de nuances imperceptibles; on les reconnaît à des signes particuliers, souvent à peine visibles pour qui n'est point rompu et initié à toutes les petites roueries et à tous les dessous de l'existence, parfois

bien bizarre, de ce qu’on est convenu
d’appeler le tout-Paris ; on les flaire, on
les devine, plutôt qu’on ne les voit, et les
définir d’une façon précise est chose assez
malaisée. Cependant, je vais essayer de
satisfaire votre curiosité.

Un demi-castor est un être neutre —
pas au point de vue du sexe, car il est
bien féminin — ni tout à fait femme du
monde, ni complètement cocotte, du
moins extérieurement ; ayant conservé, ou
s’efforçant de conserver, en dépit d’une
vie extraordinairement panachée au fond
et d’une situation absolument interlope,
quelques dehors trompeurs qui sauvent,
jusqu’à un certain point, les apparences
aux yeux des naïfs et qui facilitent à l’aimable personne ainsi costumée l’exercice
toujours très lucratif de son intéressante
profession. Au total, le genre de sirènes
le plus dangereux et le plus malfaisant
qu’il y ait au monde.

Le demi-castor est généralement intelligent, fin, rusé, adroit, élégant, séduisant
et menteur. Il a du bagout, un certain vernis littéraire et artistique, une tenue correcte mélangée de beaucoup d'affectation,
des bouffées de pruderie parfaitement ridicules et une *pose* perpétuelle. Aussi
dépourvu de sens que de sentiment et de
scrupules, désillusionné, cynique, perverti
jusqu'à la moelle, il pratique l'amour à
froid, s'en fait une carrière et y consacre
toute l'activité, tout le savoir-faire, toute
la dissimulation et tout le sang-froid dont
il est capable. Lorsqu'un bon petit pigeon
— le plus souvent c'est un provincial ou
un rastaquouère — vient à tomber dans
les griffes d'un de ces oiseaux de proie, il
est plumé et mangé d'avance. Il faut voir
alors comme il est d'abord attiré, enguir-
landé, fasciné, ébloui, puis croqué à belles
dents ! Regards attendris, flatteries délicates, tirades sentimentales et passion-

nées, rougeurs pudibondes aux premières déclarations de la victime, récit pathétique des malheurs éprouvés et des déceptions subies, airs d'innocence et de candeur, rien ne manque à l'idylle.

Seulement, un beau soir, on est triste, on est langoureuse, on a des larmes dans les yeux et après s'être beaucoup fait prier, on avoue, en tremblant, que... l'on a des embarras d'argent ; on accepte, avec difficulté et uniquement pour ne pas offenser un ami, le prêt de la forte somme ; on pleure, on mourra de honte, on aura une reconnaissance éternelle et... le tour est joué. Bien heureux encore le pigeon s'il s'en tire avec des billets de banque et s'il n'est pas entraîné à tremper dans une de ces affaires véreuses et malpropres que ces femmes-là ne manquent jamais d'avoir sous la main pour s'en servir à l'occasion. Car, indépendamment des hommes riches, vaniteux et jobards, dont elles recherchent les hommages, dont elles composent leur entourage connu et avoué, dont elles se parent, pour ainsi dire, qu'elles affichent en public, qu'elles exploitent et qu'elles méprisent, remarquez bien qu'elles sont en relations clandestines mais incessantes avec une foule de faiseurs, de tripoteurs de bas étage, de chevaliers d'industrie, de procureuses, d'intrigantes et de marchandes à la toilette avec qui elles trafiquent constamment et qui sont des auxiliaires, parfois gênants, mais indispensables à la prospérité de leur honnête industrie.

Le demi-castor provient de deux sources très distinctes et très différentes ; c'est une femme du monde déchue ou une *fille* arrivée. Dans le premier cas, il a été marié ; dans le second, il l'est. Ce détail important est même ce qui constitue en grande partie son prestige ; c'est ce qui le distingue, suivant lui, des horizontales patentées, ce qui lui permet de dire en se rengorgeant : *nous autres femmes mariées*, ce qui jette de la poudre aux yeux aux badauds, ce qui fait sa force auprès des tompins et ce qui l'affermit dans son outrecuidance. Avoir eu un mari honorable qu'on a lâché pour cascader à son aise, ou en avoir un qui est la dernière des fripouilles et à qui on impose un métier ignoble, suffit, dans la pensée de ces aimables créatures et dans celle de bon nombre de leurs amoureux, pour classer une femme et pour la mettre au-dessus des filles de concierges qui font le même métier sans avoir pris la sage précaution de se nantir préalablement d'un éditeur responsable. On est mariée ou on ne l'est pas ; tout est là. Pour le reste, il paraît que cela ne regarde personne et que la question d'argent n'entre pas en ligne de compte, vu qu'il n'y a plus que les femmes de chambre et les ingénues de province qui soient assez sottes et manquent assez de chic pour se donner pour la gloire et par plaisir...

Les cocottes élevées par le mariage à la dignité de demi-castors jouent naturellement à tout propos de ce qui leur sert de mari. Monsieur s'insinue dans les bonnes grâces des amis de Madame, leur rend des petits services de toute nature, les invite à dîner avec de jolies femmes, les comble de prévenances et de politesses, se sert d'eux pour pénétrer dans certains milieux utiles et leur emprunte de temps à autre vingt-cinq louis. Madame pousse Monsieur, a *son jour*, reçoit beaucoup, affecte des allures austères, un grand amour pour son mari et cumule agréablement le commerce de ses propres charmes avec celui d'un lot de petites amies, capiteuses et provocantes, qui, cela va sans dire, payent rançon.

Quant aux femmes du monde émancipées et dégringolées dans le demi-monde, elles travaillent ordinairement plus en grand. C'est à cette catégorie qu'appartiennent les tripoteuses émérites comme la L... n. Elles ont leurs petites entrées chez des financiers de troisième ordre, chez un certain nombre de personnages influents et même, à certaines heures et dans certaines conditions, dans quelques maisons du vrai monde. Leur grand truc consiste à tirer parti de leurs relations, à les faire mousser, à les mettre en avant, à les compromettre au besoin et à en faire sortir des amants ou de l'argent; ce qui est tout un. Quelques-unes se font marieuses, état plus répandu et plus fructueux qu'on ne le suppose et dans lequel elles excellent, ce qui ne les empêche nullement, du reste, de se distraire personnellement ou de divertir accessoirement leur clientèle par des unions moins légitimes. Le viveur sur le retour, déterminé à faire une fin, arrive tout chaud, tout bouillant au rendez-vous qu'on lui a donné pour causer affaires, il ne rêve que contrat de mariage et se voit déjà millionnaire. On le reçoit dans un délicieux déshabillé des plus enga-

geants ; on lui fait les yeux doux, on prend
des poses abandonnées, on montre un petit
pied coquettement chaussé, et quand on
voit le pied... la jambe se devine ; on interroge le pseudo-fiancé sur ses goûts plasti-
ques, sur les qualités physiques qu'il rêve
dans sa future ; on l'agace, on le provoque,
on compare adroitement, et sans en avoir
l'air, les perfections qu'il recherche avec les
formes plantureuses qu'il a sous les yeux et
on finit par lui dire, avec accompagnement
de regards très significatifs : « Je vois ce
qu'il vous faut ; c'est une femme dans mon
genre... » Si bien que le bonhomme, au
lieu de se marier, ce dont il n'avait, d'ailleurs, qu'une médiocre envie, tombe dans
les bras de l'intermédiaire de qualité qui
devait l'introduire, pour le bon motif, dans
une honnête famille. Et, s'il lui reste encore
quelques pistoles à jeter par la fenêtre, on
se charge de l'y aider, sauf à le caser un peu
plus tard lorsqu'il n'aura plus un rouge

liard, moyennant commission, bien entendu.

— C'est très amusant. Mais dites-moi donc dans quelle catégorie doivent être classées les femmes qui étalent si majestueusement leurs grâces dans ce salon et dont l'extérieur, à première vue, ne trahit en rien le caractère et le genre de vie dont vous venez de me faire le croquis ? Et, pour commencer, la maîtresse de la maison...

— Oh ! la maîtresse de la maison est un type à part. D'abord, elle est riche. Elle a quitté un mari noceur, joueur et sans le sou, pour un banquier archimillionnaire, auquel elle a eu soin de donner plusieurs enfants. Il est vieux, malade, absorbé par ses occupations et il ne l'ennuie pas. En revanche, elle lui fait une foule de concessions ; elle vit tranquillement, évitant de s'afficher et de faire trop parler d'elle ; elle se passe discrètement tous ses caprices et n'a qu'un seul plaisir : recevoir. Tout ce drôle de monde l'amuse énormément et l'entoure d'une auréole d'élégance et de galanterie à laquelle elle tient par-dessus tout. Très belle, comme vous voyez, elle est aussi remarquablement intelligente, fine, rouée, séduisante, démesurément coquette et très bonne enfant. Elle exerce sur les hommes une espèce de fascination qui l'a mise très à la mode et elle a, dans son milieu, une situation hors de pair. Elle est unique dans son genre et semble appartenir à une autre génération. Peut-être est-ce une des causes de son prestige.

Quant à ses invitées, y il en a de toutes les espèces, de toutes les provenances et de tout les modèles. Le ban et l'arrière-ban des demi-castors est ici ce soir, et je puis, en quelques instants, vous faire connaître les plus accentuées et les plus intéressantes ; le reste est à l'avenant. Ne bougeons plus, je commence :

Vous voyez là, tout près de nous, cette

blonde aux yeux bleus, au regard étrange, bien prise dans sa petite taille, avec une physionomie fatiguée et une pointe de tristesse dans l'expression ?

— Parfaitement. Elle est charmante et elle a l'air distingué.

— Eh bien ! c'est une ancienne actrice qui montrait ses jambes aux *Variétés*, pour cent cinquante francs par mois, et le reste pour dix louis, chez la première proxénète venue. Elle a épousé un fort grand seigneur étranger, jeune, beau et riche, qui l'adore, qui en est jaloux, et qu'elle trompe à la journée toutes les fois qu'elle en trouve l'occasion.

— Sainte-Agathe, vous abusez de ma jeunesse.

— Pas le moins du monde. Mais, tenez, voici la duchesse Fatimska, une vraie duchesse, puisque son mari était un duc authentique. Très belle, celle-là, bien qu'un peu trop vaporeuse ; c'est une femme d'été.

Elle sort d'un café-concert où son mari l'a pêchée pour en faire une grande dame. Elle a brillé dans la bonne compagnie ; mais cela n'a pas pu durer, Un beau jour, elle est arrivée dans un bal costumé à peu près nue — ce qui était une drôle d'idée pour une femme maigre — et elle y a eu tant de succès qu'elle... s'est fait flanquer à la porte. A partir de ce moment-là, le duc devenant inutile, elle s'en est débarrassée. Sa spécialité consiste à mettre le grappin sur de vieux richards cacochymes et à moitié morts, à les faire tester en sa faveur, à les enterrer et à passer à un autre. Elle a amassé ainsi cinquante bonnes mille livres de rente, et ce n'est pas fini.

Sur le pouf du milieu, entourée de trois jeunes femmes, vous apercevez cette grosse mégère déjà mûre, fatiguée, flétrie et surchargée de bijoux. C'est la fameuse Esther de la Chambre, naguère une des cocottes de Paris les plus à fracas, très connue sur la place, cotée dans la circulation et qui a exercé pendant plus de dix ans des fonctions publiques avec autant de zèle que de succès. Il y a quelque temps elle s'est mariée, après fortune faite. Elle a déniché un malheureux employé de ministère que je vous montrerai tout à l'heure, fort bien de sa personne, ma foi; elle le présente à tous ses anciens amants et l'oblige à la suivre partout ; elle le fait assister à des spectacles étranges... Ça en est écœurant. Quant à elle, elle reçoit, elle donne des dîners, elle a une coterie, une cour, un salon ; elle se faufile parfois chez des femmes presque bien posées et elle s'entoure d'un essaim de beautés faciles, qui font le bonheur de ses amis et aident à faire bouillir la marmite...

Enfin, cette jolie blonde élancée, qui s'avance au bras d'un vieux Brésilien, nous arrive de Russie, — à ce qu'elle prétend, du moins. Nul ne sait exactement qui elle est ni ce qu'elle est. Elle prend le titre de ba-

ronne et assure qu'elle est veuve. Mystère!
Elle est charmante, timide, réservée, comme
il faut et piquante. On ne lui connaît ni
moyens d'existence ni amant attitré. Tout ce
qu'on sait, c'est qu'elle a des hauts et des
bas très caractérisés, tantôt roulant carosse
et tantôt allant modestement en omnibus.
Lorsqu'elle est en fonds, elle fréquente la
petite bourgeoisie, où on la prend pour une
vraie baronne étrangère — elle l'est peut-
être, après tout ; — quand elle est dans la
dèche, comme maintenant, par exemple,
elle rentre dans le demi-monde et accorde,
sans sourciller, ses faveurs pour cinq louis
à tous les singes de sa connaissance ; le tout
avec un petit air modeste et une parfaite
distinction...

— Décidément, mon cher, vous êtes un
puits de science et je ne regrette pas ma
soirée. Mais savez-vous ce que je conclus
de ce que vous m'avez appris ? C'est que vos
demi-castors sont des objets en faux, ni

chair ni poisson, et parfaitement insipides, comme toutes les contrefaçons. L'essentiel, en ce bas monde, est de savoir à qui on a affaire et rien n'est plus vexant, ce me semble, que d'être attrapé par une enseigne. Quand on entre chez *ces demoiselles*, on sait ce qui vous attend et on en a pour son argent; le tarif est connu et il n'y a pas de surprise à craindre. Mais filer le parfait amour avec une Elvire de pacotille et courir la grande culotte avec assaisonnement de police correctionnelle, non, c'est trop bête et trop ridicule aussi.

Donc, si jamais j'ai un fils — ce dont me préserve Vénus la blonde, — avant de le lancer dans la fournaise, je ne lui dirai que ces simples mots : « Défie-toi des demi-castors. »

SILHOUETTES DE DEMI-CASTORS

SILHOUETTES DE DEMI-CASTORS

Pas de la première jeunesse. Oh! non! Il a même terriblement neigé sur sa chevelure châtain. Mais a ce qu'on est convenu d'appeler de beaux restes; des traits réguliers et secs, une assez jolie taille; des yeux noirs fendus en amandes, mais durs, bêtes et sans aucune expression. Belle, si l'on veut, mais insignifiante, froide, raide et sans charme; elle a l'air d'être en bois...

Une intelligence médiocre, un esprit nul, encore amoindri par les plus sottes prétentions à la littérature et aux goûts artistiques et une rouerie incalculable. Un cœur de fer, un tempérament de glace, une amabilité voulue et banale, des toilettes mirobolantes, une maison bien tenue, un excellent cuisinier et une pose perpétuelle, à l'usage des naïfs, pour la vertu, les convenances et la piété.

A réussi dans son industrie au delà de ses espérances. Aussitôt séparée que mariée, personne n'a jamais connu son mari, dont elle a soin de dire pis que pendre. N'a pas tardé à mettre le grappin sur un rastaquouère aussi archimillionnaire qu'imbécile; lui a consacré quelques années de son existence; en a eu fort à propos un fils qu'elle fait passer pour son neveu — précaution de rigueur — et lui a extorqué, sous cet honnête prétexte, la forte somme avec laquelle elle vit dans l'opulence sans le rastaquouère, devenu inutile et congédié comme trop compromettant.

A cessé de cascader, faute de chalands, et a eu d'autant moins de peine à pratiquer la continence que ce qu'elle en faisait, ce n'était pas pour son agrément. Le but une fois atteint, à quoi bon continuer? Ne désire, après l'argent, qu'un peu de considération et de prestige, et sacrifie tout à cette louable ambition. Attire les hommes par de bons dîners et des flagorneries incessantes et a fini, à force de courbettes et d'hypocrisie, par avoir dans son salon deux ou trois femmes du vrai monde, exemptes de préjugés, ignorant son passé pour ne l'avoir connue qu'*arrivée*, ou l'ayant oublié.

Élargit peu à peu, par toutes sortes de manœuvres, de petites bassesses et de combinaisons diaboliques, le cercle de ses relations plus ou moins respectables; reçoit des camouflets sans broncher, s'en venge par des méchancetés et des calomnies immondes, répandues en sourdine avec autant d'adresse que de venin et commence à être acceptée comme dame patronnesse dans quelques œuvres de charité de quatrième catégorie. Les gazettes interlopes citent même ses réceptions...

Mariera, un jour ou l'autre, son fils à une princesse étrangère dans le besoin et mourra entourée de la vénération du clergé et de l'estime des honnêtes gens.

—

SPORTIVE

Parisienne pur sang, spirituelle, aimable, entre deux âges, blonde, un minois chiffonné et provocant, une taille fine et cambrée, un pied et une main délicieux, une élégance pleine de recherche et de goût, un chic exquis et des dessous... non, des dessous... à vous donner la chair de poule.

A filé naguère avec un jeune seigneur des plus à la mode, dont elle était follement éprise qui a cessé de plaire mais non pas de servir, à qui elle fait des traits à la journée et à l'heure, sans arrêter, pour le plaisir, pour la gloire, et qu'elle garde par amitié, par habitude et par économie.

Ne voit que des hommes, en voit beaucoup, les choisit bien, les aime sincèrement, ne les garde pas longtemps comme amants et les conserve comme amis. Évite soigneusement de s'encanailler avec des femmes dans une situation analogue à la sienne ou au-dessous, n'en recherche aucune, s'en méfie et les déteste. Adore la toilette, le sport et le spectacle. Ne manque ni une première, ni une exposition. S'amuse franchement, ne cherche pas la petite bête, donne volontiers à dîner; raffole des bibelots et des objets d'art, lit énormément de balivernes, écrit toute la journée des poulets extravagants et provocants à ses nombreux admirateurs, s'embrouille parfois dans sa correspondance et se crée ainsi quelques difficultés passagères. Ne s'émeut de rien, ne se préoccupe de rien et ne songe au solide que dans le tête-à-tête avec son collage. Le malmène souvent, le domine toujours et le rend heureux par moments. A la campagne en horreur et ne quitte jamais Paris. Tourne légèrement à l'embonpoint.

—

ROUBLARDE

Trente-quatre ans — elle en avoue vingt-neuf, — mince, élancée, faite au moule, fausse maigre, cheveux blonds Titien, yeux noirs, regard profond, voilé et lascif, beaucoup de race, de charme et de montant, modèle empoignant et capiteux. Du bagout, de l'entrain, de la coquetterie — énormément de coquetterie — et des petites manières de chatte tout à fait séduisantes. Fine, rusée, bonne fille en apparence, mais vicieuse et dépravée jusqu'à la moelle.

Née dans un intérieur de petits bourgeois vertueux et cossus, qui l'ont fait élever en princesse, elle a prestement lâché son architecte de mari, trop prosaïque et trop borné dans son horizon. S'est embarquée ensuite, sans s'attarder aux bagatelles de la porte, pour la Nouvelle-Orléans, où pendant cinq ans, sous un nom de guerre, elle a étonné et charmé les Yankees par le nombre, la variété et l'éclat de ses aventures, se faisant carrément cocotte, cotée, tarifée et au plus offrant, s'affichant sans ménagement, courant les bals publics, les restaurants à la mode, les bars, les hôtels, faisant la noce effrontément, étalant un luxe ébouriffant et tenant le haut du pavé dans le quart de monde.

Est rentrée à Paris après fortune faite ; y a repris, avec une désinvolture charmante, son nom, ses relations de famille et ses allures d'autrefois. A adopté un genre de vie tranquille, pris un appartement modeste, un amant discret, qu'elle n'avoue sous aucun prétexte, et a un jour de réception, où l'on rencontre de petites femmes de commerçants ou de fonctionnaires, rangées et bégueules, qui ignorent tout et sont en extase devant son chic. Donne des dîners et des soirées plus collet-monté et plus ennuyeux que nature et vous la fait tout·le temps à la femme du monde, quitte à se rattraper, de temps à autre, à huit clos, avec un vieil ami, qui ne vend pas la mèche et qui la déride un brin. Type curieux, rare et amusant.

—

INTRIGANTE

Frise la quarantaine, a été belle et l'est encore aux lumières. Brune, pâle, maquillée, boulotte, même un peu forte ; le profil fin et régulier, la gorge opulente et fatiguée, l'œil petit, brillant et mauvais, la bouche sensuelle, un pied et une jambe remarquables. Un esprit borné, une audace incroyable, aucun préjugé, une fièvre d'intrigue, de tripotage et de mensonge qui dépasse toutes les bornes, des instincts canailles, une langue de vipère et un caractère de chien.

Porte un nom des plus honorables; a été mariée, mais si peu que personne ne s'en souvient, pas même elle. N'a pas fait fortune malgré les nombreux jobards qu'elle a successivement mis sur la paille. Est, à la fois, besogneuse, intéressée, avare, panier percé et carotteuse. Sans cesse à la recherche des moyens de se procurer des ressources que le commerce de ses charmes suffit de moins en moins à lui fournir, elle se fourre dans toutes les combinaisons ténébreuses, dans toutes les manœuvres frauduleuses et dans toutes les malpropretés qui courent le monde interlope, faisant prêter de l'argent à usure, vendant des bijoux, présentant, moyennant commission, des escrocs de bas étage aux gens comme il faut de sa connaissance, essayant de vendre ses filles — elle en a deux, — spéculant sur tout, trafiquant de tout, pratiquant constamment le commerce le plus ignoble et le plus effronté, compromettant ses amants, les couvrant de boue, se brouillant avec eux et les poursuivant de sa haine.

Perd sa clientèle, devient repoussante, est signalée partout, évitée, abandonnée, conspuée et touche à la fin de sa laborieuse carrière. Se retirera prochainement en province, y rendra le pain bénit dans sa paroisse, y aura une certaine situation et y fera peut-être encore des dupes.

Créature perverse, insipide, répugnante et dangereuse.

—

BOHÈME

Maigre, sèche, efflanquée, la peau brune, pour ne pas dire noire, la tournure distinguée, la figure flétrie, le regard effronté, la mise excentrique. Appartient, par sa naissance, à la colonie étrangère et a épousé un Parisien qui n'a pas tardé à en avoir assez. S'est lancée dans la vie à outrance. A commencé par se passer tous ses caprices, sans en excepter les plus vulgaires, et a fini par se faire entretenir. Ne manque ni d'esprit, ni de mouvement dans les idées, mais n'a pas le sens commun et jacasse à tort et à travers à en être insupportable. A des prétentions saugrenues à l'intelligence et à l'érudition ; parle politique, littérature, musique, philosophie au besoin ; discute tout, tranche sur tout, ne dit que des sottises, prétend vous imposer des théories extravagantes, se fâche tout rouge si on la contredit, s'emballe à fond et devient agressive. Mélange baroque et insupportable de femme du monde, de bas-bleu et de courtisane.

Passionnée jusqu'à l'hystérie, capricieuse, orgueilleuse, violente, câline, jalouse, méchante, et, par-dessus tout, foncièrement détraquée, elle a donné un trop libre cours à sa fantaisie et couru trop d'aventures différentes pour avoir amassé un magot. Panier percé, d'ailleurs, elle est toujours dans une dèche noire et cherche à s'en consoler tantôt en donnant des soirées funambulesques composées d'une façon étrange, tantôt en courant le guilledou en compagnie des bohèmes de la pire espèce. Se promène toujours à pied, rentre quelquefois... accompagnée et continue à se croire une très grande dame.

S'est brouillée successivement avec toutes ses anciennes amies, leur a fait des crasses infectes et s'est fait mettre à la porte de partout. Les femmes la détestent, les hommes la redoutent et la fuient, le monde la méprise. Finira chez le Dr Charcot ou dans un monastère de Carmes déchaussées.

———

CYNIQUE

Jeune encore, mais terriblement usée. Fausse blonde, fausse jolie femme, fausse sentimentale, fausse dépravée, n'a de passion que dans la tête et d'embonpoint — soyons convenable — que dans son corset. A un ensemble qui fait illusion, une certaine grâce dans la tournure et des yeux qui promettent ce qu'elle est incapable de tenir.

A jugé inutile de se débarrasser de son mari et plus commode de le garder comme paravent. Seulement il ne paraît pas. Ne se prive de rien, ne refuse rien à ses amis, ne leur donne pas beaucoup d'agrément et n'en éprouve que fort peu elle-même. Prend tout ce qui se présente, accepte avec plaisir des cadeaux de prix, ne voit que des femmes équivoques, vit en garçon, ne rentre pas tous les soirs chez elle et ne se gêne pas pour aller aux bains de mer avec l'amoureux du moment.

Ne croit à rien, n'aime rien, ne s'attache à rien et ne recule devant rien. Ne prend des amants que par dépravation, par coquetterie ou par désœuvrement, les lâche sans cérémonie lorsqu'ils ont cessé de plaire et passe sans transition à un autre exercice. A eu dans son existence deux ou trois petites histoires qui frisent la cour d'assises, qui la rendent singulièrement souple et endurante — elle qui ne l'est guère — avec les rares amies qui savent « où est le cadavre », mais qui ne lui inspirent ni repentir ni remords.

S'affuble de toilettes très élégantes, mais criardes et de mauvais goût. N'a ni intelligence, ni esprit, ni bonnes façons, et supplée à ces lacunes par un gazouillement assez gentil et des petites mines très engageantes. Sera bientôt hors de service et rentrera peut-être dans un certain monde.

EXOTIQUE

Slave, anglo-saxonne ou rastaquouère. Pas précisément jolie, mais du chien, de la *branche*, du vice, du toupet et une désinvolture originale qui étonne et empoigne les hommes. De l'esprit aussi, à sa façon, de la verve, de la vivacité, du raisonnement — un peu trop de raisonnement — et une manière à elle d'aller au fond des choses et de les appeler par leur nom qui ne manque pas de saveur.

A un mari... disons aux grandes Indes, qui ne vient jamais à Paris, qui est censé lui faire une forte pension, à qui elle écrit, soi-disant, tous les huit jours, qui, toujours soi-disant, l'adore et qui lui adresse lettres sur lettres pour la ravoir. Passe, en attendant, du brun au blond, de l'homme politique au clubman, du jouvenceau naïf et imberbe au viveur sur le retour, pose avec eux pour la femme de qualité amoureuse et sensuelle, leur fait prendre des vessies pour des lanternes, leur persuade qu'elle sacrifie à son amour sa position et son avenir, ne perd jamais la carte et emprunte tous les mois cent louis à ses amants, sous prétexte qu'il y a un retard dans l'arrivée de ses revenus.

Joue gros jeu, exhibe des toilettes et des bijoux renversants, se promène dans des équipages phénoménaux, attire l'attention partout et toujours. Se soucie comme d'une guigne de la société des femmes du cru, les débine sans arrêter, leur fait une concurrence ouverte, soupe volontiers, boit du champagne comme un *horse guard*, brûle la chandelle par les deux bouts, ne se repose jamais et disparaît un beau jour sans qu'on sache ce qu'elle a bien pu devenir.

Signes particuliers, est blonde par principe, grande, forte, haute en couleur et ne reconnaît pas *ces messieurs* quand ils ne servent plus à rien.

BOURGEOISE

N'a jamais été mariée. Est venue du fin fond de la province, où elle cumulait l'emploi de modiste et de... charmeuse de la garnison. A pris, en arrivant à Paris, un nom d'emprunt modeste et bourgeois ; s'est introduite, grâce à ce truc, dans quelques rares intérieurs de petits commerçants et de remisiers sans clientèle, s'est fait passer pour veuve, a adopté un petit genre réservé et timide, qui enchante ses nouvelles amies, leur a persuadé qu'elle désirait se remarier et s'est fait adorer de la famille.

Ne néglige pas, entre temps, la promenade à pied aux Champs-Elysées, le Cirque, les expositions, le musée Grévin ; y fait des connaissances, y noue des intrigues, raconte sa petite histoire, ne donne jamais son adresse, à cause des ménagements qu'elle prétend avoir à garder, joue les scrupules, la pudeur et le sentiment et s'éclipse, sans tambour ni trompette, lorsque la ficelle commence à être usée et qu'elle ne peut plus rien tirer du monsieur.

Brune, petite, grassouillette, jolie et insignifiante, elle plaît surtout aux gens tranquilles et épousera, un de ces matins, un clerc d'huissier.

—

MONDAINE

Ex-femme du monde, et du meilleur. A divorcé après quinze ans de bons et loyaux services dans la galanterie. A conservé quelques appas, des yeux fripons, une chevelure luxuriante, un très grand air, une jolie fortune et beaucoup de relations féminines dans son ancien milieu.

Voit ces dames en cachette de leurs maris, donne de très beaux dîners d'hommes triés sur le volet, reçoit énormément, mène grand train, se la coule douce, ne réfléchit pas, a un collage parce que c'est commode pour le soir et continue à se payer des petites fêtes à jet continu.

Tempérament de feu, cœur élastique, nature insouciante, caractère facile, esprit charmant, est généralement aimée, ne regrette rien, ne désire rien et ne changerait pas son existence contre n'importe laquelle en ce bas monde.

PARASITES

PARASITES

Vous en êtes peut-être encore à vous imaginer que le parasite est un être malheureux et effacé, que tous les autres fuient, dont ils se défient, rare en tout cas et qui ne parvient à vivre aux dépens de ses semblables qu'à force d'astuce, d'humilité et de flatteries. Eh bien ! détrompez-vous.

Dans le monde, du moins, il en est tout autrement. Le parasite y est en forces, il y joue un rôle important, il opère au grand jour, il porte beau, il est avantageux, arrogant même parfois, choyé, recherché, considéré et influent. C'est le comédien ordinaire de la société, celui qui beaucoup plus que les *étoiles*, soutient la troupe dans ses représentations habituelles ; et la place qu'il occupe est si grande, son emploi est si utile que, s'il n'existait pas, il faudrait l'inventer. Au surplus, on se demande si, en réalité, il n'est pas le seul à s'amuser, à comprendre l'existence, et si le commun des mortels, qui y va naïvement de son esprit, de son travail, de sa situation et de son argent, ne constitue pas tout simplement une jolie collection de jobards servant au plaisir et au bien-être de quelques malins et se donnant beaucoup de mal pour rien...

Mais qu'est-ce, au juste, qu'un parasite ? Car enfin, s'il faut absolument avoir trois cent mille livres de rente, tenir maison ouverte, donner des bals de deux mille personnes et des dîners de trente couverts pour ne l'être point, nous le sommes tous plus ou moins... Un parasite? Mais vous ne connaissez que ça!

C'est un insecte gluant et insinuant qui, ne possédant rien par lui-même de ce qui fait le charme, l'utilité ou l'intérêt des relations et n'ayant aucune fonction marquée, aucun rang, aucune valeur dans la hiérarchie sociale, politique, littéraire ou artistique, s'arrange néanmoins pour se fourrer partout aux premières places, pour y trôner, pour y pontifier, pour y imposer ses prétentions et pour y jouir avec usure de tous les privilèges auxquels il n'a aucun titre et qu'il usurpe effrontément sans y être autorisé par quoi que ce soit. Il se donne toutes les distractions, toutes les satisfactions d'amour-propre, tout le prestige mondain et toutes les petites joies de la vie, toujours, bien entendu, aux conditions les plus avantageuses et en payant le moins possible de sa personne.

Le pis est, qu'en général, il n'est pas inoffensif, mais exigeant, difficile, débineur et grognon. Non seulement, il s'impose, mais il prétend ne point passer inaperçu et, pour mieux dissimuler sa qualité d'intrus, doublée d'une respectable nullité, il affecte de parler haut, de trancher, de se plaindre, de critiquer. Je reconnais, pourtant, que, dans l'espèce, il est quelques individus aimables et bons enfants ; mais ils sont très clairsemés et peu connus. La plupart sont grincheux...

Le parasite est très répandu. Il est dispersé aux quatre coins de Paris. Il se faufile dans tous les milieux. Il cultive son industrie à propos de tout, chaque fois qu'il en trouve l'occasion, sans jamais douter de rien, sans se laisser intimider ni influencer par aucune supériorité et il se divise en autant de catégories qu'il y a de nuances dans l'arc-en-ciel parisien et de débouchés pour son petit talent.

Commençons par le plus remuant, le parasite de salons. En voilà un qui vous est familier ! Impossible de faire une visite, d'aller à un bal, à un raout ou à une partie de campagne sans se heurter à cet inévitable *phylloxera*. Il connaît la terre entière et il s'agite du matin au soir pour agrandir le cercle de ses relations, pour utiliser celles qu'il a déjà et pour informer la galerie que l'on ne peut pas se passer de lui. C'est la carte forcée. Personne ne lui échappe et quiconque a l'imprudence de le recevoir est obligé de l'avaler. S'il rencontre quelque part une femme qu'il ne connaît pas — ce qui le surprend — vite il met en demeure la maîtresse de la maison de le présenter. On le reçoit assez froidement. Vous pensez peut-être qu'il s'en tient là et qu'il se borne à mettre une carte cornée le lendemain, en attendant une occasion de faire plus ample connaissance? Pas du tout.

Aussitôt présenté et sans laisser à la dame le temps de se reconnaître et de respirer, il lui a demandé *son jour*. Il a bien fallu qu'elle le lui indique.

Il y court, il y bavarde, il y tient de la place, il s'y démène comme un diable dans un bénitier, il demande la permission de revenir. On lui répond évasivement... Ça lui est bien égal. Deux jours après, entre six et sept, au moment où sa victime savoure le doux tête-à-tête qu'elle s'est ménagée avec son flirt de la saison, il entre triomphalement au *five o'clock* intime, auquel on s'était bien gardé de le prier. Il n'a pas l'air de s'apercevoir qu'il est de trop, il fait des grâces, il raconte des histoires, il s'en va le dernier et il recommence le surlendemain.

Il a une langue de vipère, et comme il fourre son nez partout, comme il entend tout et écoute tout, il sait tous les potins passés, présents et à venir. On le craint, on l'accepte et il finit par amuser, car il est assidu, horriblement assidu, il fait nombre, il comble les vides et il dit beaucoup de mal de son prochain — ce qui est encore le genre de conversation qui plaît le plus dans les salons de notre époque.

Donc, pas de réunion, pas de bal, pas de petite fête sans lui. Du reste, il ne le souffrirait point. On a pris l'habitude de le voir, de l'écouter ; de le critiquer mais de le subir. Il est devenu un meuble nécessaire. On ne l'estime pas énormément, si vous voulez ; on ne s'attache pas à lui, on ne le prend guère au sérieux ; mais il occupe et il distrait. C'est tout ce qu'on exige de sa fade petite personne.

De son côté, il ne prétend pas à plus et il est pleinement satisfait. L'intimité, les rapports suivis, les préférences, le commerce tendre et affectueux le laissent complètement froid. Il n'a nul besoin de ces accessoires. Sa marotte c'est le nombre, la variété et le relief. Étant d'une banalité surnaturelle, faute d'avoir ce qu'il faudrait pour être autrement, il n'a pas de peine à borner ses aspirations et il est, en somme, parfaitement heureux.

A côté de ce type encombrant, frivole, superficiel, qui travaille à la surface, qui est burlesque dans le monde, mais qui ne pénètre pas dans les détails et dans le train-train ordinaire de la vie de Paris, il en est un autre plus astucieux, plus collant, plus pénétrant, plus intéressé et plus désagréable. C'est le parasite de dîners.

Celui-là recherche l'intimité, s'insinue par toutes sortes de ficelles et de petites manœuvres très savantes dans les bonnes

grâces des maîtresses de maisons qui passent pour avoir un bon cuisinier et pour
donner des dîners amusants et fait si bien
que, sans qu'on ait jamais pu comprendre
pourquoi, il arrive à être un élément obligatoire de tout dîner prié grand ou petit
qui se respecte tant soit peu. Naturellement, il est garçon, libre comme l'air,
affolé de chic et d'élégance, gourmand,
sybarite, avec une fortune plus que médiocre et sans la moindre occupation. Sa
profession est de manger en ville, d'être un
convive très demandé, de se goberger tous
les jours régulièrement au point d'abîmer
son estomac et d'établir, une fois pour
toutes, que, dans toute maison bien posée,
on ne peut pas se réunir autour d'une table pour déguster une poularde truffée,
arrosée de château-margaux, sans qu'il soit
de la partie. S'il lui arrivait de dîner deux
fois de suite au restaurant en payant son
addition, il se croirait déshonoré. On ne

l'ignore pas. Aussi, dès qu'il s'agit de trouver un quatorzième ou de boucher un trou au dernier moment, lui dépêche-t-on un petit poulet qui ne reste jamais infructueux ; car entre autres qualités il a celle de n'être point susceptible. Toujours prêt à accourir au moindre signe, il endosse son habit noir et vole chez l'amphitryon, qui l'attend avec impatience et qui l'accueille, cela va sans dire, avec des élans de joie et de reconnaissance.

Vous supposez sans doute qu'un homme si couru et si bien accueilli est gai, spirituel, boute-en-train, facile à vivre et qu'il cherche à se rendre agréable. Nullement. Il est morose, triste, chagrin, mauvais coucheur et silencieux. S'il ouvre la bouche, c'est pour raconter les maladies et les enterrements ou des histoires filandreuses à dormir debout. Il discute tous les plats auxquels il ne goûte souvent qu'en faisant une grimace dédaigneuse, tout en s'empiffrant, en fin de compte, jusqu'à éclater ; il examine avec défiance tous les vins et prétend toujours qu'ils ne sont pas aussi bons que ceux de l'année précédente ; il se plaint du café et de l'eau-de-vie, blâme tout, trouve tout mauvais, affecte des allures d'important et de mécontent. Et, si, par exception, le repas a été tellement hors ligne qu'il lui serait impossible d'en dire du mal sans paraître ridicule et par trop malveillant, alors il rage, il crève de jalousie et il se rabat sur le service et sur la livrée qu'il blague et ravale impitoyablement...

Et malgré cela — peut-être même à cause de cela, — il continue à être recherché, cajolé, et invité. Il aurait bien tort de s'en priver. Mais explique qui pourra cette curiosité...

Vient ensuite le parasite de théâtre, la plaie des directeurs et des auteurs dramatiques, la petite gazette, le guide, le critique écouté et redouté du grand public, auquel il s'impose bon gré malgré et dont il dirige plus souvent qu'on ne se le figure l'opinion et les manifestations.

Bien qu'il ne soit ni homme de lettres, ni fin connaisseur, ni journaliste, ni commanditaire, ni protecteur d'une actrice, qu'il ne tienne par aucun bout au monde des théâtres ou de la littérature, qu'il n'entende rien de rien à l'art dramatique et aux belles-lettres, qu'il confonde Molière avec Beaumarchais, Meilhac avec Octave Feuillet et qu'il n'ait en apparence aucune importance ni aucun titre à une faveur quelconque, il pénètre partout sans bourse délier. Il a élevé les entrées de faveur à la hauteur d'une institution ; il se répand dans tous les théâtres ; il y élève la voix, y prononce des sentences, y fait de l'esbrouffe, va dans les coulisses, octroie gracieusement des conseils au directeur et aux acteurs, rase les abonnés, donne le signal des applaudissements, proteste bruyamment quand la pièce n'est pas de son goût ou qu'on la joue, à son gré, depuis trop longtemps ; lorgne, change de place, attire l'attention, se fait voir et se carre comme s'il était chez lui et s'il avait payé deux louis à la porte le droit de tant se trémousser et de faire tant d'embarras.

Sans le parasite de théâtre, pas de première représentation ni de reprise à sensation. Il encombre les *premières*, dont il n'aurait garde de laisser échapper une seule, et il forme dans la salle un noyau aussi compact que redoutable. Bien entendu, il est sévère, pour ne pas dire injuste. Il se promène dans les couloirs pendant les entr'actes. Il va de l'un à l'autre, il juge, il démolit, il il épluche :

— Eh bien, qu'en dites-vous ? Entre nous, ce n'est pas fort.

— Vous êtes difficile. Il y a de l'esprit, du talent même et je trouve que c'est amusant.

— Amusant !... Voilà le grand mot lâché !

Parbleu ! il ne manquerait plus que ça fût mortellement ennuyeux ! Mais il n'y a rien, absolument rien dans ces cinq actes. Pour moi, c'est un four. Je le regrette pour ce pauvre X.., *qui est mon ami* ; mais je parie que ça n'aura pas dix représentations.

Et ainsi de suite toute la soirée, quand cela ne continue pas au cercle ou au *Café de Paris*. Mauvais public, à tout prendre, que celui-là, très borné, très déplaisant, très dangereux, et qui a fait dire un jour, avec amertume, à Alexandre Dumas : « Préservez-moi de mes amis et je me charge de mes ennemis. » Mais public inévitable, à ce qu'il paraît, puisqu'on continue à le laisser envahir, sans rime ni raison, tous les théâtres et à lui faciliter à qui mieux mieux les moyens de prospérer et de se distraire aux dépens de ceux qui travaillent et qui *éclairent*.

On ne peut plus original et plus cocasse aussi le parasite de châteaux ; variété

izarre et de mœurs étranges qui se mor-
ond à Paris pendant huit mois de l'année
lans un entresol de douze cents francs pour
asser le reste du temps confortablement
t luxueusement installé à la campagne...
hez les autres.

Tout l'hiver, le parasite de châteaux, qui,
u fond, a horreur de la villégiature et de
a belle nature, n'a été occupé qu'à recueil-
ir des invitations pour la saison d'été et
les échelonner à sa convenance avec un
affinement curieux d'égoïsme et de sans-
êne, en ayant soin, cela va de soi, de ne
hoisir que les endroits où le train de
aison est grandiose, la vie large et élé-
ante, les distractions nombreuses, l'hos-
italité princière. Il fuit comme la peste les
ens modestes et bourgeoisement installés
t il n'entend pas, lorsqu'il se déplace, se
river de n'importe quoi.

Le moment venu, il trace son itinéraire
prend son vol. Il arrive sans valet de

chambre, comme bien vous pensez, escorté de deux ou trois malles, d'une foule d'accessoires inutiles, gênants et fastidieux et, par-dessus le marché... d'une quantité innombrable de manies parfaitement idiotes et insupportables. On lui donne la meilleure chambre du château, où l'on n'a pas manqué de réunir tous les objets qui peuvent servir à sa toilette et ajouter à son confort. A peine entré, il en réclame d'autres ; il lui manque toujours quelque chose. Il se lamente, il geint, il sonne dix fois par heure les domestiques et met tout le personnel sur les dents.

Le mène-t-on à la promenade en voiture découverte, il se plaint de la fraîcheur et rognonne tout le long du chemin. L'invite-t-on à sortir à pied, il se fait traîner comme si on le conduisait à l'échafaud, pousse des cris de paon sur la dureté du chemin et la monotomie du paysage et jure qu'on ne l'y reprendra plus. Il trouve la campagne

ennuyeuse, la viande dure, les fruits détes-
tables, les légumes très inférieurs à ceux
de Paris et le pain exécrable. Il. boule-
verse son appartement, déplace tous les
meubles et fait un vacarme infernal à des
heures indues sans se gêner le moins du
monde. Il disparaît des journées entières
sans prévenir personne et sans que l'on
sache où il est allé. Il ne fait aucun frais
pour ses hôtes et ne cesse au contraire,
de leur faire sentir combien ils doivent
s'estimer heureux de le recevoir et de le
garder. Et dire qu'en dépit de ces délicieux
procédés, on le réinvitera l'année suivante !

Ce parasite-là à un corollaire, qui en
dérive, qui lui ressemble et qui, quelquefois même, ne fait qu'un avec lui. C'est celui
de la chasse. Un monsieur qui tire mal, qui
n'a pas de chasse à lui et qui, par conséquent ne vous rend pas votre politesse, qui
vous assomme, qui ne vous sert à rien et

qui, cependant, tient à prendre part à toutes les battues un peu amusantes dont il
entend parler. Contez-vous devant lui à un
ami les avantages de vos tirés et le résultat
de votre dernière journée, immédiatement
il prend la balle au bond et vous oblige
insidieusement à lui adresser une phrase
de courtoisie, qui dégénère en invitation.
Bref, vous vous embâtez de ce fâcheux, sans
trop savoir comment cela s'est fait, et vous
ne tirez plus un coup de fusil sans lui.

Il tue vos poules faisanes sans sourciller
et prend la mouche si vous lui en faites
timidement l'observation. Il interroge vos
gardes, ne reste jamais à la place qui lui
a été marquée ; appuie continuellement
votre coup, réclame pour lui les pièces que
vous avez abattues, envoie du plomb aux
rabatteurs et à vous-même et, finalement,
chipote sur les bourriches, dont il surveille
la confection, ne trouvant jamais la sienne
assez garnie. Il vous agace, il vous énerve,

il vous exaspère et, chose bizarre et incompréhensible, vous vous ferez un véritable plaisir de le réengager à la prochaine occasion et vous finirez, sans vous en douter, par ne plus pouvoir vous priver de sa présence.

Il y a encore le parasite viveur, qui voltige et bourdonne autour des premiers rôles de la grande vie et des jeunes seigneurs brûlant la chandelle par les deux bouts, qui profite de leur luxe et de leurs dépenses, soupe à leurs frais, prend leurs maîtresses, monte leurs chevaux, se pavane dans leurs loges et s'amuse tout le temps comme une petite folle sans qu'il lui en coûte un maravédis.

Ne pas croire qu'il soit pauvre. Non ; c'est un malin, habituellement plus âgé que ses copains, qui a découvert que c'était une duperie de jeter l'argent par les fenêtres et qui trouve plus agréable et plus intelligent de ne rien se refuser du tout en ménageant ses ressources et sans risquer le plongeon final. Il jouit, du reste, bien mieux ainsi de toutes les douceurs d'une noce perpétuelle et je ne vous étonnerai pas trop en vous disant qu'il est loin d'encourir la défaveur de ces demoiselles. Le plus-drôle est que les autres, ceux qui payent, le trouvent charmant, en raffolent, sont remplis d'égards et de prévenances pour lui, et ne savent pas faire un pas ni combiner une partie de plaisir sans lui.

Il est vrai qu'il n'épargne pas sa peine et que, tout compte fait, il est précieux dans une bande joyeuse. Au rebours de la majorité de ses congénères, le parasite de la vie à outrance est aimable, de bonne composition, insouciant, complaisant et folâtre. Il a le diable au corps et est toujours prêt à faire tout ce que l'on veut. C'est une fourchette de première classe, un buveur à toute épreuve, un conteur grivois et facétieux à l'usage des horizontales, comme

on en rencontre peu et un noctambule
endurci qui n'admet pas que l'on puisse
se coucher avant cinq heures du matin.

Bohème et noceur dans l'âme, il connaît
toutes les femmes galantes, depuis les
plus tapageuses et les plus en vue jusqu'aux
plus modestes. Il est au courant de toutes
leurs petites histoires, s'intéresse à leur
sort, se mêle de leurs affaires, les suit
dans tous les bastringues grands et petits,
assiste à leur toilette, écrit leurs lettres,
devient leur confident et leur ami, et les
guide dans le choix de leurs amants et la
conduite de leurs intrigues.

Ajoutez à cela qu'il raccommode volontiers les amoureux en bisbille, qu'il orga-
nise toutes les fêtes, qu'il fait et défait les
collages, qu'il promène, distrait et console,
moyennant récompense honnête, les
cocottes en rupture de liaison ou celles
dont les *amis* en titre refusent de s'afficher
par trop ouvertement, et vous aurez une

juste idée de la nature et de l'utilité du personnage.

J'en ai connu un qui a fait ce métier-là jusqu'à plus de soixante ans et qui a trépassé allègrement sur la brèche sans avoir éprouvé une minute d'ennui ni de tristesse...

J'en connais encore bien d'autres d'un genre tout différent et qui ont choisi d'autres spécialités que ceux dont je viens de vous parler. Mais ce sont des seigneurs de moindre importance, s'escrimant sur des scènes de second ordre trop mesquines et trop insignifiantes pour que les acteurs méritent de vous être présentés.

BAS-BLEUS

BAS-BLEUS

Le soir du Grand Prix, Sainte-Agathe et La Grillade, qui avaient dîné en garçons aux *Ambassadeurs*, étaient venus s'asseoir, en fumant leur cigare, à l'entrée du *Club des pannés*.

Ils y étaient depuis un instant, respirant, avec délices et dans le plus profond silence, l'air frais du Bois, rêvant... à quoi?... à tout et à rien, regardant distraitement passer les équipages dans cet agréable état de torpeur morale et de langueur physique qui succède, après un bon dîner, à une journée agitée, lorsque, au milieu d'un embarras de voitures, une élégante victoria, attelée de deux fringants alezans, s'arrêta presque devant eux. Une femme jeune encore, mais déjà épaissie par l'embonpoint et maquillée comme un clown, y était nonchalamment étendue à côté d'un vieux monsieur laid, commun et assez mal mis.

— Tiens ! dit La Grillade, comme s'il venait de s'éveiller, voilà la belle du Bocage ! Par quel singulier hasard se promène-t-elle avec son mari ? C'est un sport auquel elle ne se livre pas souvent, et, quant à moi, je suis bien sûr que c'est la première fois que j'assiste à pareil spectacle. Il doit y avoir quelque chose là-dessous.

— C'est probable. En tout cas, ça ne doit pas l'amuser, le mari. Moi, si j'étais à sa place, ce qu'à Dieu ne plaise ! cette pimbêche me serait odieuse et je n'aurais

qu'une préoccupation : m'en débarrasser
le plus souvent et le plus longtemps possible. Un insupportable *bas-bleu !* Non,
merci bien. Il n'en faut pas. Je ne connais
rien de plus ennuyeux et de plus déplaisant
que ces êtres-là, qui finissent par ne plus
avoir de sexe et qui vous rasent, à propos
de bottes, sans seulement vous permettre
de placer un mot, avec toutes sortes de
tirades soporifiques apprises par cœur,
auxquelles elles ne comprennent rien
elles-mêmes, et avec un choix de calem-
bredaines ampoulées qu'elles débitent
d'un ton sentencieux, pédant et agaçant.
C'est assommant, tout bonnement, et
j'avoue que j'aime encore mieux les grues,
qui ne savent parler que chiffons et
toilette.

— Sapristi, comme vous y allez, mon
cher ! Après tout, parmi ces femmes-là,
il y en a de charmantes, auxquelles on par-
donne assez facilement leur petit travers.

qu'elles laissent, du reste, volontiers — vous pouvez m'en croire — au seuil de leur chambre à coucher, en considération de certaines qualités intimes et du naturel exquis qu'elles retrouvent dans les moments d'abandon : car, sachez-le bien, chez beaucoup d'entre elles, la passion de la littérature n'exclut point les autres, et le pédantisme n'est que pour la galerie. Elles se rattrapent dans le tête-à-tête, de la raideur et de la contrainte qu'elles se sont imposées en public, et elles ne dédaignent pas de s'y montrer d'une fantaisie... qui n'a rien d'académique.

Pour moi, en fait de bas-bleus, je m'en tiens à l'opinion du père Auber : cela dépend des mollets qu'il y a dedans...

— Oui, mais le malheur est que ces mollets sont rarement, bien rarement, engageants. Si j'en juge par ma propre expérience, je puis même vous assurer qu'ils ne le sont jamais. A mon avis, pour s'éprendre d'une de ces nymphes ridicules qui font profession de n'éprouver que des émotions littéraires, à l'exclusion de toutes les autres, et qui, en définitive, n'ont ni agrément dans l'esprit ni séductions corporelles, il faut être, moralement, un parfait *snob*, et, physiquement, un... gardien du sérail.

Je n'ai jamais compris, en ce qui me concerne, qu'elles pussent inspirer à un homme sain de corps et d'esprit le moindre désir, et je crois qu'on pourrait m'enfermer toute une nuit avec la plus... tendre et la plus communicative, sans que j'eusse d'autre idée qu'une envie formidable de sauter par la fenêtre en lui laissant mes pantoufles.

— Mon ami, Mme Putiphar n'était pas une femme de lettres et, sans vous offenser, vous avez passé, depuis longtemps, l'âge de Joseph. M'est avis, du reste, que vous vous vantez et que, si l'on vous mettait à l'épreuve, vous n'en sortiriez pas toujours aussi triomphant que vous voulez bien le dire.

Pourquoi une femme *bas-bleu* ne serait-elle pas aussi jolie et aussi capiteuse qu'une autre ? Et quelle différence si grande y a-t-il donc, suivant vous, — à part un dada bien innocent et plus risible qu'autre chose, — entre elle et la plupart de celles qui ont le don de vous emballer. C'est toujours une femme, j'imagine, et il y a des moments, convenez-en, Sainte-Agathe, où cette considération est la plus essentielle, pour ne pas dire l'unique...

— Par exemple ! En voilà une sévère ! Un *bas-bleu*, une femme !... Jamais de la vie. Une jolie femme... encore bien moins. Et c'est là ce qui vous trompe. Votre raisonnement pèche par la base.

Apprenez, mon pauvre ami, d'abord, que pour qu'une personne du sexe aimable, auquel nous devons Sarah Bernhardt, consente à se dessaisir des armes que la nature

lui a données et à se dépouiller de gaieté de
cœur de toutes les grâces féminines pour se
lancer, à corps perdu, dans une monomanie
idiote, sèche, désagréable et absolument
destructive des attributs naturels de la plus
belle moitié du genre humain, il faut qu'elle
ait bien peu de confiance dans la puissance
de ses charmes. Sachez, ensuite, qu'en donnant dans cette manie, une femme perd à
peu près tout ce qu'elle pouvait avoir de son
sexe, tout ce qui la distingue de nous et
nous attire vers elle; qu'elle cesse, en un
mot, d'être femme.

— Vous êtes trop absolu. J'en ai connu
plus d'une dans ce cas-là, qui, je vous
assure, n'avaient rien perdu de leur piquant
et qui ont inspiré des passions folles à des
gens très intelligents et très bien portants.
Vous devez être mal tombé, voilà tout.

Vous me faites l'effet, dans ce moment-ci,
de ce voyageur célèbre qui, ayant aperçu à
l'entrée d'une ville une femme rousse,

inscrivait sur son carnet que, dans cette villes, toutes les femmes étaient rousses. Quand vous aurez creusé le sujet et quand vous connaîtrez mieux le type en question, vous modifierez vos impressions et vos idées ; j'en suis certain.

— Ah ! quant à ça, je réponds bien que non. Je vous disais donc que les *bas-bleus* sont des mammifères amphibies — et, quand je dis mammifères, j'exagère peut-être un peu — ni femmes, ni hommes, généralement affligés d'une infirmité physique, visible ou cachée, et d'une maladie intellectuelle, toujours très apparente, celle-là, étalée avec orgueil, bruyante, agressive, encombrante et parfaitement insupportable.

Le plus souvent, ce genre de phénomène est maigre, sec, anguleux, disgracieux dans son aspect et décousu dans ses mouvements. Quelquefois, en vieillissant, il devient démesurément gros, lourd et gélatineux. Il n'entend rien à la toilette et s'habille tantôt avec une élégance prétentieuse, criarde, voyante et de mauvais goût, tantôt avec une négligence sordide et malpropre, comme une marchande à la toilette. C'est affaire d'origine, d'éducation, de situation sociale et de tempérament.

Il est toujours bavard comme une pie borgne, non sans esprit, mais sans jugement, entêté, dogmatique, plein d'idées fausses et de théories baroques, barbouillé à la surface d'une foule de notions confuses sur les choses de la littérature et très ignorant au fond, vaniteux, exalté, affecté, poncif et complètement déséquilibré.

La grande occupation du *bas-bleu*, qui lui fait négliger tout le reste, c'est de se tenir sans cesse au courant de tout ce qui se publie dans le genre quintessencié et ultra-alambiqué. Plus c'est cherché, solennel, incompréhensible et ennuyeux, plus ça le satisfait. Il lit donc énormément de livres indigestes, ne s'assimile pas le quart de ce qu'ils renferment et n'en retient que juste ce qu'il faut pour se farcir la cervelle d'absurdités dont il régale ensuite avec emphase les imbéciles qui le prennent au sérieux.

Sa constante préoccupation est de ne paraître accessible qu'aux jouissances de l'esprit, de faire gober son érudition et la délicatesse de son goût, d'épater, par la profondeur de ses aperçus, les savants et les lettrés, de s'en entourer exclusivement, d'en être admiré, d'afficher la prétention de ne se plaire qu'en cette auguste compagnie, d'avoir l'air de dédaigner les autres hommes et de faire fi de la galanterie. Au total, une existence ratée, une conversation aussi énervante que nulle, une âme difforme et une personnalité à la fois raffinée et grotesque; bref, une gibbosité de la nature.

— Savez-vous que le portrait n'est pas flatteur? Il y aurait, selon moi, bien des retouches à y faire, et il serait facile, je crois, d'en contester, sur beaucoup de points, la ressemblance. Mais, à supposer qu'il soit exact pour quelques-unes des femmes qui ont posé devant vous, il ne s'applique pas à toutes et vous m'accorderez, je suppose, qu'il existe des variétés dans l'espèce et des nuances dans la laideur.

— Sans aucun doute. Les nuances sont même nombreuses. Les femmes sont *bas-bleus* de mille façons. Elles le sont par vocation ou par destination, par inclination ou par nécessité, jeunes ou vieilles, riches ou pauvres, amateurs ou professionnelles, etc..., etc... Mais toutes, quels que soient leur point de départ et le caractère particulier de leur excentricité, ont, en fin de compte, les mêmes défauts et arrivent au même résultat. Elles exaspèrent les petites camarades, assomment la partie saine, raisonnable et intelligente du sexe fort, nagent perpétuellement entre deux eaux et font tache dans la société.

Le *bas-bleu* par vocation est né avec des instincts pervers. Il peut appartenir à n'importe quel milieu, mais habituellement il éclôt dans une famille de la riche bourgeoisie, où ce vice constitutionnel se transmet de mère en fille. Dès sa plus tendre enfance on lui a fait dire des vers et jouer la comédie. On l'a habitué à un langage précieux, on lui a appris des phrases redondantes et sonores, douces à l'oreille, mais ne signifiant pas grand'chose; on s'est escrimé à lui inculquer le goût de la déclamation et du style, on a discuté devant lui les ouvrages les plus arides et le plus au-dessus de son âge, on l'a rendu maniéré, outrecuidant, tranchant et prématurément raisonneur.

Plus tard, on a fait suivre à la jeune fille des cours — trop de cours. Au lieu de la conduire au bal, on l'a menée régulièrement à la tragédie. On lui a fait lire la *Nouvelle Héloïse* et les œuvres complètes de Chateaubriand. On l'a traînée aux séances de réception de l'Académie. On l'a exercée, la malheureuse, à en écrire le compte rendu. On a eu grand soin de ne l'entourer que de professeurs glabres, de pontifes littéraires chauves, parcheminés et édentés, essayant de lui faire croire que ces vieilles momies étaient des hommes, et évitant de la mettre en contact avec tout ce qui aurait pu lui laisser supposer qu'elle avait été créée et mise au monde pour autre chose que pour feuilleter des grimoires et griffonner des platitudes. Après quoi, on l'a mariée... à un auteur dramatique ? Non, à... un riche avoué, vieux, laid, positif, borné et vicieux.

Naturellement, elle a pris le monsieur en dégoût, le mariage en exécration, et, pour protester contre la médiocrité et le matérialisme de son entourage, elle s'est replongée de plus belle dans les divagations et l'hystérie soi-disant intellectuelles, s'imaginant, par là, marquer sa supériorité et planer sur un nuage à cent piques au-dessus des vulgarités de sa situation. Elle a fait un roman — le sien — détestable, absurde, renversant et par-dessus tout, mortellement ennuyeux. Elle en rumine un second — toujours le sien — plus ennuyeux, plus mauvais et plus étrange que le premier. Elle en a la tête tournée, en rabâche sans arrêter, en lit des fragments à sa clientèle de vieux bonzes, perd, à ce métier-là, tout son esprit naturel et tout son agrément, s'alourdit à vue d'œil, fuit le monde et ses plaisirs et finit par ressembler à une institutrice retirée des affaires.

— Mais c'est Mme du Bocage, que vous me décrivez-là ! Seulement, vous oubliez de dire que, malgré tout, elle a conservé une élégance, assez tapageuse même, et qu'elle n'est point aussi détachée des joies de ce monde que vous semblez le supposer. Je me suis laissé dire que...

— Oui, je sais bien... qu'elle a une liaison, n'est pas ? Mais qu'est-ce que cela prouve ? Une drôle de liaison, d'ailleurs ! Isolée comme elle l'était et renfermée dans un cercle étroit de courtisans en papier mâché, flattant sa déplorable manie, admirant sottement ses élucubrations et incapables de la conseiller ni de la distraire, il fallait bien qu'elle cherchât à s'appuyer sur un guide et qu'elle choisît un confident. La force des choses devait l'y amener ; et il n'y a pas de littérature qui tienne, c'est la nature qui le veut ainsi.

Elle a donc pris le moins déjeté et le plus présentable d'entre eux, un aspirant académicien (il aspirera jusqu'à la fin de ses jours) bel esprit, légèrement moderne, un peu galantin, mondain, philippotard, intrigant, et elle en a fait son attentif. Je ne crois pas que ça les engage à grand' chose ni l'un ni l'autre. Leurs épanchements doivent être démesurément platoniques, et s'il leur arrive de se livrer, de temps à autre, à quelques ébats extrapédagogiques, ça doit être tellement fadasse, tellement apprêté et réservé, que le jeu n'en vaut certainement pas la chandelle. Pensez-vous, après cela, que cette excellence Mme du Bocage soit plus femme et plus délirante pour autant ?

— Sainte-Agathe, vous êtes un affreux sceptique, et vous finirez par m'ôter toutes mes illusions...

— Attendez, je ne suis pas au bout. Voilà pour les *bas-bleus* par vocation. C'est assez coquet, comme vous voyez. Eh ! bien, les autres ne valent pas mieux. Celles, par exemple, qui embrassent la profession, non par inclination et par goût, mais, comme je vous le disais tout à l'heure, par destination, c'est-à-dire sans y être nullement préparées ni par leur éducation, ni par leur caractère, ni par la tournure de leur esprit et uniquement pour satisfaire aux exigences ou aux préjugés du milieu dans lequel elles sont appelées à vivre, pour hurler avec les loups, celles-là sont encore plus désagréables et plus monstrueuses que les premières, parce qu'elles prennent, en les outrant, tous les ridicules et tous les vilains défauts de leurs modèles et qu'elles n'ont pas, en compensation, leurs maigres ressources d'esprit et d'originalité.

Le seul bon côté des *bas-bleus* par destination et par convenance est qu'ils ne commencent qu'assez tard à se détraquer. Leur première jeunesse, au moins, s'écoule tranquillement et naturellement, et la femme est déjà très défraîchie quand elle entre dans la peau d'une pédante à tous crins. Ce n'est pas plus réjouissant, loin de là, mais c'est un peu moins choquant, et, à notre point de vue masculin, ça perd singulièrement de son importance. Vous connaissez Mme du Rameau ?...

— Je l'ai aperçue de loin en loin. Mais elle m'a eu l'air si desséchée et si rébarbative, que je n'ai pas eu la moindre envie de faire sa connaissance.

— Je le crois bien ! Elle a le physique de l'emploi. Et je vous réponds que le fond est aussi revêche et aussi ingrat que la surface. Ses parents étaient de bons industriels qui, après l'avoir élevée simplement, ont eu la singulière idée de la marier au savant le plus prétentieux, le plus solennel, le plus poncif et le plus odieux qu'il soit possible de rêver. Elle a commencé par avoir le spleen et par essayer de se rebiffer contre l'existence et les idées que ce vieux singe de du Rameau lui imposait. Mais elle s'est buttée contre un roc. Peu à peu, l'âge aidant, et à force de théories, de rabâchages, d'absence de distractions, de fréquentations pseudo-littéraires, de lectures lugubres acceptées par lassitude, par résignation et par ennui, elle est devenue une sorte de reflet en jupons de son seigneur et maître, et la guenon la plus répugnante et la plus intolérable des deux hémisphères.

Saturée de la lecture mal digérée du *Correspondant* et de la *Revue des Deux Mondes,* barbouillée même d'un peu de latin et d'un tas de doctrines saugrenues sur toutes choses, elle arrive dans un salon la figure renfrognée, le verbe haut, l'air dédaigneux, et se met à trancher du professeur à tort et à travers avec un aplomb et une autorité prodigieusement crispants.

Elle n'admet que les classiques avérés et ne tolère pas que vous osiez prononcer le nom des autres. Elle classe les académiciens et dispose des fauteuils vacants sur un ton qui ne souffre pas de réplique. Elle discute baccalauréat, concours, examens, version grecque, comme si elle n'avait fait que ça toute sa vie. Elle trouve que le *surmenage* est une plaisanterie inventée par les ignorants et qu'on ne fait jamais assez travailler les jeunes gens. Ne lui parlez pas des auteurs amusants ; elle vous regarderait du haut de sa grandeur et vous accablerait de son mépris. Mais tàchez de lui présenter un joli garçon, et vous verrez ses yeux s'écarquiller, son regard flamboyer, sa physionomie s'épanouir... C'en est burlesque et insupportable.

— Ce type-là n'a rien d'attrayant, j'en tombe d'accord. Mais il y en a d'autres plus jeunes, moins sévères, moins effrayants et que vous-même, à ce qu'on prétend, vous êtes loin de dédaigner. Ainsi la petite comtesse de Valpurgis...

— Ça, c'est différent. La comtesse est un demi-castor, qui ne s'est faite *bas-bleu* que pour se donner une contenance, pour avoir un prétexte de réunir chez elle des hommes distingués et pour se créer une manière de spécialité. Elle est, d'ailleurs, sans conviction, modeste, frivole, enthousiaste, coquette, et ce qu'elle a voulu, surtout, en enfourchant ce dada, ç'a été de se donner un cachet d'élégance, un vernis de bon ton, que sa situation équivoque ne comportait pas.

N'empêche qu'elle gagnerait beaucoup, selon moi, en charme et en séduction, si elle se contentait tout bêtement d'être une jolie femme. Elle a de l'esprit, beaucoup d'esprit même, autant d'instruction qu'une autre, et les prétentions qu'elle affiche nuisent énormément aux qualités qu'elle possède. Sa manie littéraire lui aigrit, parfois, le caractère, l'entraîne à la discussion, à la pose, à la raideur, lui enlève de sa grâce et de son entrain et lui fait dire beaucoup de bêtises; toutes choses qui n'ajoutent rien, que je sache, à l'agrément d'une jeune femme. J'avoue qu'elle me plaît malgré son vice, mais elle me plairait bien davantage sans lui. Du reste, je n'en abuse pas et je déclare que, malgré tout, je ne voudrais pour rien au monde en faire une compagne. Une relation, c'est bien assez...

— C'est, en tout cas, une concession. Mais nous n'avons pas parlé jusqu'ici des professionnelles qui, au fond, sont les seuls véritables *bas-bleus*. Je suppose que vous ne nierez pas leur talent, du moins pour quelques-unes, et que cette circonstance très atténuante leur fera trouver grâce devant vous.

— Les professionnelles ont certainement une excuse, celle d'exercer un métier pour gagner honorablement leur vie. Le besoin explique tout. Mais elles ne sont, pour la plupart, ni plus agréables, ni plus amusantes, ni plus empoignantes, ni plus femmes que les amateurs. Je crois même qu'en raison du travail qu'elles s'imposent, elles se dépouillent encore plus complètement de leur sexe que les autres. Ce ne sont plus, à tout prendre, que des hommes de lettres, moins les culottes et le talent —

car il est rare qu'elles en aient beaucoup.

— Ce n'est pas brillant.

Entre nous, j'aimerais mieux les voir se livrer à n'importe quel autre commerce, y compris celui de leurs charmes — que celui des belles-lettres, d'ailleurs, n'exclut pas toujours. Ce que je trouve de plus laid au monde, c'est une femme qui lâche la corporation et qui singe le mâle.

Voyez la célèbre Cécile Lapin. Elle était jolie, elle a commencé par être galante, elle a eu du succès, beaucoup de succès ; et puis, à présent, avec ses romans — bien médiocres, par exemple — qui se vendent à gogo, les réclames que lui font les journaux, la notoriété qu'elle a acquise, à quoi est-elle parvenue ? A se rendre, somme toute, assez ridicule et à éloigner d'elle tous les hommes sensés. Et encore celle-là est une des rares qui aient de la valeur et qui aient réussi !... Êtes-vous fixé maintenant ?

— Eh bien, mon cher ami, malgré

votre éloquence, je ne suis pas converti. Je ne prétends point faire l'apologie des femmes de lettres, auxquelles je préfère de beaucoup les femmes tout court. Mais je persiste à penser, ne vous en déplaise, que parmi les premières, il en est de parfaitement désirables et, encore une fois, qu'en fait de bas-bleus, tout dépend des mollets qui sont dedans.

L'IDOLE

L'IDOLE

Croiriez-vous qu'il existe encore de par le monde des âmes candides qui s'étonnent de très bonne foi de voir le veau d'or adoré du nord au sud et de l'orient au couchant dans ce qui nous reste de société? On trouve même des gens qui ont des velléités d'indignation et de révolte contre la suprématie extravagante de l'argent. Oh! les naïfs!

Sans doute, il est difficile de contempler un plus complet aplatissement du beau monde et des situations sociales les mieux assises sur la naissance, l'honorabilité et l'élégance devant des flibustiers dorés sur tranche que celui auquel nous assistons à l'heure qu'il est. Soyez donc un homme d'esprit, bien né, agréable, séduisant, correct et irréprochable, mais ayant peu de fortune et vivant à l'avenant, et essayez de faire votre trou à travers cette muraille de la Chine qui entoure le temple de l'idole. Vous m'en direz des nouvelles.

Vous serez peut-être toléré, accepté pour faire nombre et comme un aimable remplissage ; à condition toutefois que vous exagériez la modestie et que vous ne vous permettiez pas d'avoir une opinion ou une personnalité tranchée. Mais ne cherchez ni la considération, ni l'influence, ni le succès, ni les faveurs du beau sexe. Eussiez-vous le génie de Victor Hugo ou le charme irrésistible du duc de Richelieu, vous n'obtiendrez rien de tout cela. C'est tout juste si on ne vous traitera pas de déclassé et si l'on ne vous accusera pas d'être de la police ou de vous faire entretenir par les femmes.

Pour ces dernières, c'est encore bien pis. Elles ont beau être jolies, spirituelles, distinguées et comme il faut, si elles n'ont pas une toilette de cent louis et pour cinquante mille francs de diamants sur les épaules, on se dispense de les rechercher ; et pour peu qu'elles aient quelques prétentions, justifiées par les attentions et le le respect d'un petit nombre de seigneurs moins bêtes et moins snobs que les autres, il n'y a pas d'horreurs et de mauvais bruits qu'on ne se mette à répandre sur leur compte. *Tout pour l'argent et par l'argent*, telle est la devise du jour. C'est, jusqu'à présent, le résultat le plus clair des idées démocratiques et égalitaires sur nos mœurs...

Ces choses ne se discutent plus ; elles crèvent les yeux. Seulement — il y a un seulement — il n'y a pas à en être surpris, ni à lever les bras au ciel, ni à se voiler la face avec une pudeur, souvent un peu hypocrite et, en tout cas, bien tardive. Rien n'est plus logique et plus naturel que ce qui arrive, et ce sont ceux-là mêmes qui s'en plaignent — si ce n'est eux, c'est leurs frères — qui sont les premiers coupables et qui ont bel et bien commencé la sarabande. Tu l'as voulu George Dandin ! Oui, ils l'ont voulu et bien voulu, car non seulement ils ont ouvert leurs portes toutes grandes, mais ils sont allés chercher le monstre dans son antre, d'où il n'aurait pas osé sortir, de peur de recevoir les étrivières. Ils lui ont fait des avances, ils l'ont flatté, ils l'ont rançonné. Ils se sont habitués peu à peu à le subir pour en tirer profit et ils ont fini par en avoir besoin, par le craindre et l'admirer, ce qui est tout un.

Le malheur est que les gens du monde, dont la fortune n'était plus en rapport avec leurs goûts, leurs habitudes, leur éducation et leurs... vices et dont les difficultés matérielles augmentaient au fur et à mesure que l'existence renchérissait, pour continuer à tenir le haut du pavé au point de vue du luxe et ne pas renoncer à « s'en fourrer jusque-là », ont dû se résigner à des compromis et à demander du renfort, sous toutes les formes, aux gens d'argent. Ceux-ci, qui guettaient le moment favorable et qui mouraient d'envie de décrasser un peu leurs billets de banque, ne se sont pas fait le moins du monde tirer l'oreille. Une fois dans la place, ils n'ont rien eu de plus pressé, naturellement, que d'achever de pervertir la société, de bouleverser tous les préjugés, de justifier et de consacrer leur conquête en s'efforçant d'établir une fois pour toutes et d'inculquer aux badauds, encore en plus grande majorité dans le camp mondain et copurchic qu'ailleurs, que l'élégance suprême, la seule distinction, la seule vertu, la seule force, c'était la richesse, encore la richesse, toujours la richesse. Vous comprenez que c'était leur jeu, et ils l'ont joué serré avec autant de persévérance que d'habileté.

Ils n'ont pas eu, d'ailleurs, trop de mal à se donner pour réussir au delà de leurs espérances et ils ont été surpris eux-mêmes de voir combien on leur faisait la partie belle. Le nivellement définitif des classes sociales, l'oisiveté de la noblesse et de la haute bourgeoisie, l'affaissement des caractères, la soif de jouissances et de plaisir, quand même, ont singulièrement rapproché les distances et ont contribué dans une large mesure à établir l'idolâtrie du veau d'or et la puissance de ses grands prêtres.

Quant aux moyens pratiques de propagande et au concours de circonstances qui ont favorisé le développement de la gangrène, ils sont très nombreux et très divers.

On n'a que l'embarras du choix. Quelques-uns sont particulièrement frappants et méritent qu'on s'y arrête. D'abord, le genre de vie. Le club, les courses, la chasse, qui absorbent à Paris une si grande partie de l'existence masculine, ont forcément mis en contact les messieurs cousus d'or avec ceux qui, en ayant moins, savent mieux la manière de s'en servir. Et du contact accidentel à tout le reste, il y a moins loin que de la coupe aux lèvres.

Peu de cercles, par le temps qui court, sont exclusifs; on pourrait même dire aucun. Or, dès qu'un tompin ou un aventurier a ramassé un nombre suffisamment respectable de millions, il n'a qu'une idée : être admis dans un club bien composé. Neuf fois sur dix, il y réussit. Il se fait présenter aux gens du monde, il leur fait une cour discrète, il les comble d'attentions délicates. Un jour de grande déveine il retire au besoin les jetons de la caisse pour le plus culottard de la bande et il se garde bien de réclamer son argent... Tant et si bien, qu'au bout de trois mois, un des plus collet-monté et des plus farouches, rentrant chez lui, très adouci, dit à la marquise, entre la poire et le fromage :

— Ce Monsieur X... est vraiment charmant. On prétend que sa fortune est mal acquise ; mais on dit cela de tous ceux qui s'enrichissent... Quant à être mal élevé, comme le soutiennent quelques pointus, non par exemple. Je le trouve très poli, moi, ce monsieur. Il est rempli d'égards et de déférence pour les personnes de qualité. Du reste, je vous l'amènerai un de ces soirs à dîner sans cérémonie et vous en jugerez. Cela ne vous engage à rien, puisque vous ne connaîtrez jamais sa femme et ça lui fera grand plaisir.

Le monsieur vient. Il est galant, aimable, réservé. Il encense la marquise, il s'appesantit sur les avantages incomparables de la naissance et flatte les petites manies de la maison. On le réinvite; même jeu. Au jour de l'an, il envoie une boîte de bonbons de vingt-cinq louis avec sa carte et s'abstient de venir en personne, ce qui pourrait gêner la dame vis-à-vis de sa coterie. Quel tact et quelle discrétion de bon goût!... Bref, l'hiver suivant, à un concert de l'*Épatant*, Mme X..., comme par hasard, se trouve à côté de la marquise. Le mari survient, la conversation s'engage et prend un tour tel que, de fil en aiguille, une présentation entre les deux femmes devient indispensable. Ce n'est pas encore tout, mais c'est quelque chose. On échange des cartes, on se salue au Bois, on se dit quelques mots à la sortie de l'Opéra. Vienne une quête, un bal de bienfaisance ou... un embarras pécuniaire, et la glace sera décidément rompue, le respect humain enterré, la liaison complète.

Les courses en font bien d'autres. Là, il

y a souvent des intérêts communs, des rapports plus fréquents et plus intimes ; par-
dessus le marché, l'appât d'un bon *tuyau*
que l'homme au gros sac, qui a toujours
une écurie en renom, ne peut manquer
de vous donner. Et puis, la qualité de
sportsman n'est-elle pas un titre de
noblesse, un brevet d'élégance ? Les maris
se voient continuellement au *beting*, ils se
rencontrent en chemin de fer, ils dînent
ensemble pendant les déplacements. Les
femmes se frôlent dans la tribune réservée
de Longchamp, où au milieu des émotions
du *turf*, elles finissent par s'adresser la
parole... On se rapproche sans le vouloir,
on se connaît sans le savoir ; finalement on
se voit par nécessité et par intérêt.

Que dire de la chasse ? A-t-on jamais vu
un vrai chasseur résister longtemps à la
tentation d'une battue exceptionnelle ?...
Eh bien ! on n'en fait plus que chez les
richards ; les grandes manières n'y sont

pour rien. Un parvenu a des tirés qui
épatent les populations; on tue chez lui trois
cents faisans dans une après-midi. Il invite
d'abord un grand seigneur, avec qui il est
en relation d'affaires. Celui-ci accepte clan-
destinement en ayant soin pour commencer, de se cacher de cette petite bassesse
comme d'une fugue dans un mauvais
milieu. Mais il faudra rendre la politesse;
c'est là-dessus que compte l'autre. Du
reste, la fois suivante, ils seront plusieurs
et il n'y aura plus moyen de s'en défendre :

— Il est bien un peu canaille et on ne
sait pas trop d'où il sort. Mais, ma foi, je
ne connais pas de chasse comme la sienne
et le gibier n'a pas d'odeur.

— L'ennuyeux, c'est qu'il va falloir l'invi-
ter chez soi.

— Oui, c'est gênant. Mais au bout du
compte, je m'en moque. Qu'est-ce que ça
me fait de l'avoir un jour à la campagne?
Les faisans que j'ai tués chez lui valent

bien ce petit ennui et je ne suis pas obligé de le voir à Paris. Il n'est pas si mal que ça, après tout! Il a beaucoup de bon.

Et on invite le parvenu; et, petit à petit, on s'y habitue; et l'on en fait une relation; et parfois, on devient son ami, voire même son obligé...

Un autre joli tremplin pour les grands brasseurs d'argent, ce sont les affaires. Qui n'en fait pas à notre époque? Surtout parmi ceux qui ne font rien. On a des fermiers qui ne paient pas, on tire le diable par la queue, on s'ennuie, on énerve sa femme, on chipote sur les notes de couturières, on grogne du matin au soir, on se plaint de la rigueur des temps et de l'insuffisance de ses revenus. Alors, votre vertueuse compagne :

— Mais aussi, pourquoi ne vous remuez-vous pas? Faites comme tant d'autres, gagnez de l'argent.

— C'est bien vite dit, mais comment?

— Comment? Mais en entrant dans les affaires. Il ne manque pas de gens qui seront ravis d'utiliser votre intelligence et vos relations. Allez voir M. X..., demandez-lui une situation et je suis sûre qu'il s'empressera de vous prendre au mot.

— Vous croyez?... C'est bien dur. Enfin!... puisque vous y tenez, je lui en parlerai ce soir au club.

Poussé à bout, aguiché par la séduisante perspective de quelques centaines de louis de plus à jeter par les fenêtres, on se décide à faire des ouvertures à X... et... *on entre dans les affaires;* c'est-à-dire qu'en échange de son nom, de son honorabilité et de son influence, on reçoit sous forme de jetons de présence ou de participation, un cadeau de cinquante ou soixante mille francs par an, que le susdit X... vous fait chèrement payer en vous tapant sur le ventre devant le monde, en vous appelant son « cher ami », en s'imposant chez vous toutes les fois que vous réunissez quatre chats et en exigeant votre présence et celle de votre femme à ses dîners et à ses réceptions. Comme vous nagez dans l'opulence et que c'est, au fond, tout ce qu'il vous faut et tout ce que demande votre épouse, vous ne regimbez pas. Vous avalez toutes les couleuvres, vous en prenez l'habitude et, sans vous en douter, vous arrivez à vénérer les opulents détenteurs de la caisse et à couvrir d'un profond mépris les imbéciles qui dansent devant le buffet.

Mais tout cela n'est qu'un jeu d'enfant en regard des résultats obtenus et de la corruption propagée par les œuvres de charité. Ça, c'est le triomphe de la juiverie, l'apothéose du veau d'or !

On en a tant inventé de ces bonnes œuvres, on en a si bien fait une question de chic, de notoriété et de réclame, que le but a fini par disparaître devant les moyens

et que la plupart de ceux qui s'y associent,
loin d'avoir en vue le soulagement de la
misère, dont ils se fichent comme d'une
guigne, ne songent qu'à leurs intérêts.
Pour certaines femmes, c'est une manière
adroite et infaillible, sous prétexte de
comités, de patronages, de fêtes de bienfaisance et autres fumisteries philanthro-
piques, de s'introduire dans la bonne compagnie et de conquérir les bonnes grâces
des duchesses. Pour les mâles de même
espèce, c'est l'occasion d'éclabousser le
beau monde de leur écrasante générosité,
de se créer une clientèle de femmes
élégantes et bien posées, d'acquérir des
titres à leur reconnaissance, et le cas
échéant à leur amabilité, de nouer des
relations inespérées et de forcer des portes
qu'on leur aurait impitoyablement fermées
au nez si on n'avait pas eu besoin de leurs
pistoles. Pour les véritables grandes dames,
c'est un biais astucieux et amusant pour

dénouer les cordons de la bourse de l'harpagon le plus récalcitrant et remplir la sébile des pauvres. Ni les uns ni les autres de ces trucs ne manquent jamais leur effet.

Une étoile du *high life,* une douairière du noble faubourg, sont-elles chargées de quêter pour les filles non-repenties ou pour l'hospitalité de la fainéantise, vite elles décochent une belle lettre autographe à un rustre archimillionnaire, qu'elles ne connaissent ni d'Ève ni d'Adam et qu'on leur a montré aux mardis de la Comédie-Française. Notre homme ne peut en croire ses yeux, la tête lui tourne, il monte sur ses ergots et... il envoie deux cents louis, non sans le raconter à qui veut l'entendre et sans montrer le poulet, qui ne le quitte plus, à tous les marchands de peaux de lapin de sa connaissance. Étonnement, puis remerciement chaleureux de la grande dame et *in petto* profonde admiration... Encore un ou deux de ces coups d'éclat et il ne manquera plus qu'une de ces rencontres qui naissent toujours quand on les souhaite, pour qu'on se salue d'abord, qu'on se parle et qu'on se fréquente ensuite.

D'un autre côté, ces dames ont rencontré plusieurs fois aux séances du Comité de l'œuvre, Madame une telle, que l'on croyait si commune et si impossible ; elles ont échangé des lettres avec elle, toujours naturellement au sujet de l'œuvre, et elles ont été charmées de sa bonne grâce, de ses prévenances, de son affabilité. Elle est toujours prête à mettre la main à la poche et à soutenir de ses deniers l'association, qui a quelquefois des moments difficiles et qui sans elle..... Elle fait donner beaucoup d'argent par ses amis de la finance. Pourquoi ne la recevrait-on pas?... On la reçoit, on l'entortille, on l'exploite, on la subit et on trouve, à la longue, que décidément la richesse est encore ce qui a le plus de prix et ce qui procure le plus d'agrément...

Enfin, n'oublions-pas la politique, qui joue son rôle dans l'omnipotence du billet de banque comme dans le reste et qui n'est certes pas un mince appoint à toutes les autres raisons qui ont facilité son épanouissement.

Le brillant monde, écœuré par les taquineries, les vexations et l'ostracisme qui pèse sur lui, est devenu méfiant et ombrageux. Il n'est plus exclusif qu'en politique et ce qu'il redoute par-dessus tout ce sont les rapports avec les gens qui ne sont pas de son opinion. Mais si vous vous présentez sous les auspices d'une réputation d'homme *bien pensant,* vous êtes accueilli à bras ouvert. Or, par le plus grand des hasards, l'argent pense toujours bien. Il pense d'autant mieux que son origine est plus louche... et il va sans dire qu'il profite de ce joint pour exercer ses ravages.

Sans compter que le suffrage dit uni-
versel et les élections à jet continu ont
pour conséquence directe que rien ne se
fait plus qu'à coups de piastres et qu'on ne
peut arriver à quoi que ce soit sans user
et abuser du vil métal. On est donc bien
obligé, si on est ambitieux — et qui ne
l'est pas passé trente ans ? — de le convoiter,
de le chercher, de le respecter. Il faut
attirer ceux qui en regorgent, tâcher de
s'associer avec eux, de les faire *casquer*, de
se servir de leur force. Il n'y a qu'eux pour
fonder un journal, pour soutenir un
candidat, pour enlever une majorité. Les
honnêtes gens ça n'a pas le sou, ou ça
recule devant la dépense. Tandis que les
autres... eh bien, les autres... ils paient
et... ils accaparent les places et l'autorité.
Voilà qui n'est point fait, convenez-en,
pour discréditer les lingots et pour tem-
pérer la fascination qu'ils exercent sur la
société ?...

Trois ou quatre types généraux, dans lesquels se fondent et se résument tous .les autres, personnifient le dieu Argent et sa toute-puissance dans le monde parisien.

Le premier et le plus en vue, celui qui a donné le branle à la machine et fait le plus de prosélytes, c'est le haut financier de naissance et de tradition, milliardaire et assez méprisant, qui a approché, par profession, toutes les têtes couronnées et côtoyé toutes les grandeurs. N'ayant, en réalité, besoin de personne et ne se sentant qu'une inclination des plus médiocres pour les sentiments délicats, les raffinements aristocratiques et le ton de la bonne compagnie, il ne s'est mis à la cultiver à ses moments perdus que pour se donner le malin plaisir de constater la platitude du plus grand nombre de ceux qui la composent et savourer l'acre volupté d'humilier le nom et les qualités morales devant la brutale suprématie de l'or. Encore est-ce par-dessous la jambe et ne faut-il pas qu'il lui en coûte une obole ; tous ces *pannés* doivent s'estimer trop heureux de participer aux splendeurs de son existence princière.

Au surplus, il n'a eu qu'à se baisser pour en prendre. Dans ces prix-là, on est au-dessus de la critique. Les jouisseurs sceptiques — et ils sont nombreux — trouvent que de pareils dîners et de telles réceptions méritent bien qu'on s'encanaille un brin ; les jobards sont littéralement éblouis et hypnotisés et la foule, comme toujours, suit le mouvement. Quant aux rares boudeurs, on les conspue ; ils sont traités de rétrogrades et d'envieux. Il arrive, par-ci par-là, que le haut financier est un peu arrogant, qu'il manque de tact et de tenue, qu'il met les pieds dans le plat et que le rouge monte au front de quelques susceptibles trop chatouilleux.

Mais qu'importe, puisqu'il est entendu qu'on doit tout lui passer ? — Et je vous réponds qu'il ne se fait pas faute d'abuser de la permission !...

Tout différent est cet autre personnage, grand financier aussi, mais fils de ses œuvres, absolument étranger aux usages du monde, auquel il ne tient par aucun bout, et même au simple savoir-vivre.

Enrichi dans des entreprises véreuses au point de ne savoir que faire de ses immenses trésors, il a cherché la considération, qu'on s'est toujours obstiné à lui refuser et il a trouvé, à force de courbettes, le relief et l'élégance qu'on a consenti à lui accorder. Inculte, violent, brutal brimeur, il est souple, insinuant et généreux avec les premiers rôles de la *fashion*, qui peuvent lui procurer de belles relations — la seule chose à laquelle il tienne ; dur, impertinent, avare, féroce, avec ceux dont il n'a rien à attendre ou qui, pour leur malheur, sont sous sa dépendance. Le tout caché sous des dehors et une tournure qui font illusion et ne manquent vraiment pas d'un certain galbe.

Il y a encore l'honnête bourgeois, qui a un nom ridicule, une intelligence nulle, des façons communes, mais une fortune énorme, et qui est arrivé, on n'a jamais pu savoir ni pourquoi ni comment, à compter dans la société et à s'y faire une position. Il héberge les princes étrangers, reçoit tout Paris et épluche les demandes d'invitations... Il est vrai qu'il est garçon et que toutes les mères le guettent pour leurs filles !

Puis, le vulgaire tompin, fils, dit-on, d'un entrepreneur de bâtisses, arrivant on ne sait d'où et se donnant des airs de marquis de l'ancien régime. Échantillon ridicule et crispant de parvenu bouffi, outrecuidant et raseur. Il a casé un de ses fils dans la diplomatie (toujours!) et marié l'autre dans le monde. Se prend au sérieux et se fait gober par un certain nombre de gâteux...

Et vous voudriez, après cela, que le veau d'or ne triomphât pas sur toute la ligne et que l'argent n'eût pas le dernier mot? Allons donc!

LES AMOUREUX DE CES DAMES

Un soir, au club, entre intimes, on se mit, pour changer, à parler femmes. Il était deux heures du matin; la partie touchait à son déclin; les valets de pied commençaient à éteindre les lampes, et les racontars de chasse étaient heureusement épuisés...

La conversation s'engagea sur les femmes du monde, et, de fil en aiguille, on en vint à constater l'infériorité très marquée et toujours croissante de leurs... amoureux. Un vieux beau, rempli d'astuce, avait très

justement fait observer que ces infortunées
en étaient aujourd'hui réduites à se régaler
des miettes tombées de la table des drô-
lesses, et qu'au lieu d'attacher, comme
jadis, à leur char la fine fleur des jeunes
seigneurs beaux, élégants, spirituels et
séduisants, elles n'avaient plus guère
autour d'elle que les *rossignols* de la
galanterie.

Tout le monde tombait d'accord sur la
justesse et la profondeur de cet aperçu.
On passa rapidement en revue les aventures contemporaines les plus sues, et l'on
reconnut, sans difficulté, que l'espèce
des hommes à succès était singulièrement
dégénérée. Nul doute que la quantité n'ait
généralement remplacé la qualité et que
les amoureux légendaires, qui s'appelaient
Lauzun, Fronsac ou d'Orsay, n'eussent
refusé de prendre pour laquais la plupart
des singes qui jouent actuellement leurs
personnages. Mais alors, il s'agissait de

découvrir le pourquoi de cette déplorable dégringolade...

Les uns, les pontifes, prétendaient que les femmes — les vraies — s'en étaient allées avec les dieux et que les modernes n'étaient plus que des poupées plus ou moins articulées, affolées de toilette et de sport, sans agrément dans l'esprit et sans passion dans le cœur. Ils allaient même jusqu'à dire que, de nos jours, Mme Marneffe et Mme Bovary étaient aussi vieillies que la Phèdre antique.

D'autres moins désenchantés ou plus indulgents, assuraient que tout le mal vanait de ce que l'amour, ce grand pivot de l'humanité, l'amour violent, insensé, aveugle, exclusif, avait entièrement disparu de nos mœurs. Tout se bornant aujourd'hui, d'après eux, au contact de deux épidermes, la chose ne valait plus la peine que les vrais mâles, ceux qui ont de la valeur et du cœur au ventre, gaspillassent leur temps et leur jeunesse à briguer des faveurs banales qu'il était bien plus aisé et bien plus agréable de demander à ces demoiselles. A l'appui de leur doctrine, ils citaient *Manon Lescaut* et la *Dame aux Camélias*. Le première, disaient-ils, nous paraît une fiction absurde, une atroce blague inventée par un joyeux farceur pour mystifier les provinciaux, et Marguerite Gauthier elle-même, avec sa passion de courtisane, pleine d'imperfections et de luttes, mais aussi d'élévation, de sacrifice et de dévouement, ne provoquerait chez nos viveurs actuels que le sourire de l'incrédulité. Quant à Armand Duval, il ne nous ferait plus l'effet que d'un vulgaire *Alphonse*, niais et ridicule par-dessus le marché. La preuve en est, ajoutaient-ils, qu'Alexandre Dumas, qui se rend parfaitement compte que la *Dame aux Camélias* n'aurait plus à notre époque aucune espèce de succès, s'est toujours énergiquement opposé à ce qu'elle fût reprise au Théâtre-Français...

— Moi, dit un diplomate qui se pique de bien connaître les femmes des cinq parties du monde, j'imagine que ce qui a le plus éloigné les hommes de choix des femmes de la bonne compagnie, c'est le mépris qu'un trop grand nombre d'entre elles affichent pour notre sexe. Il n'y a plus à en douter, le culte de Sapho a fait chez ces dames des progrès énormes et inquiétants. Ce qui n'était qu'une rare exception, une difformité repoussante, une infirmité inavouable et inavouée, est devenu un goût très répandu, un péché mignon que l'on confesse sans trop de honte. *Mademoiselle de Maupin* et *Mademoiselle Giraud, ma femme*, qui se cachaient honteusement au fond des tiroirs les plus secrets de quelques vieilles cocottes en non activité, circulent maintenant presque ouvertement dans les boudoirs à la mode, ni plus ni moins que les romans d'Octave Feuillet et de Ludovic Halévy. On les commente, on les discute, on les... savoure. On parle de ces liaisons-là aussi librement que des autres; on cite des noms, on chuchote des histoires étonnantes, qui ont le don d'émoustiller particulièrement l'auditoire féminin et qui font même écarquiller les yeux aux moins lancées... Il y a des moments où, ma parole d'honneur, un homme est embarrassé de son sexe... Comme c'est engageant, après cela, comme c'est tentant de déclarer sa flamme! Sans compter qu'en pareil cas, pour une foule de motifs que vous devinez, la concurrence — par trop déloyale aussi — est difficile à soutenir...

— Voilà ce que c'est, grommela dans sa barbe un vieux loup de mer, que d'avoir émancipé la femme! Vous me la f...chez belle avec votre émancipation. Au fond, il n'y a que les Turcs qui soient dans le vrai, entendez-vous? La femme chrétienne, c'est très joli… dans les livres, mais en pratique, elle n'arrête pas de cascader.

— Mon cher, vous êtes peut-être un peu radical; mais il est certain qu'à force de vouloir rendre la femme égale à l'homme, sans pouvoir parvenir, pour cela, à la faire semblable à lui, on a un peu faussé sa nature, corrompu ses goûts, perverti son imagination, modifié, sans qu'elle s'en doute elle-même, son rôle dans le monde, amoindri son charme et compromis son prestige. Au lieu d'écrire l'*Homme-femme*, conception aussi bizarre qu'ennuyeuse d'un cerveau momentanément détraqué, M. Dumas aurait peut-être mieux fait de nous montrer la *Femme-homme*, telle que l'insenséisme contemporain est en train de la pétrir. On en aurait vu de belles! En tout cas, c'eût été amusant et instructif…

— Et puis, s'écria un élégant de 1830, qui ne perd pas une occasion de protester contre les tendances du jour, tout a dégénéré. Le vrai Paris a disparu avec la monarchie de Juillet. Votre stupide démocratie a détruit toutes les traditions d'élégance qui faisaient notre supériorité et notre agrément; elle a confondu et rabaissé tous les sentiments, brouillé toutes les idées, embourgeoisé et déplacé toutes choses. De mon temps, un jeune homme du monde, bien de sa personne, un peu lancé, un peu à la mode, aurait rougi d'avouer qu'il en était réduit à payer très cher les complaisances d'une fille. Ce rôle de jobard était réservé aux vieux barbons qui avaient cessé de plaire, aux marchands de peaux de lapin enrichis, et aux rastaquouères de passage. Quant aux jeunes gens de la société, ils mettaient leur amour-propre à gagner les bonnes grâces désintéressées des grandes dames, à faire ce que l'on appelait, avec raison, des conquêtes et à passer pour des hommes à bonnes fortunes. Tandis que,

maintenant, par un incroyable et grotesque
renversement des conventions et des préjugés du bel air, il est devenu presque plus
élégant de se ruiner pour des horizontales
que d'être aimé pour soi-même par la plus
ravissante et la plus désirable des femmes
du monde. Déjà, sous l'Empire, la plupart
de vos mondains en vogue, comme C...sse,
par exemple — qui, pourtant, valait mieux
que cela — étaient de simples noceurs
n'ayant guère de succès que dans le demi-
monde. A l'heure qu'il est, c'est bien pire.
Une liaison dans la bonne compagnie est
complètement dépourvue de prestige, et il
s'en manque de bien peu qu'elle ne vous
disqualifie son homme, au point de vue du
high life. Avouez qu'il n'en faut pas davantage pour en éloigner bien des gens, car
les moutons de Panurge sont les mêmes,
en l'an de grâce 1889, que du temps de
Rabelais.

— Oui, mais, selon moi, il y a autre chose.

Ne croyez-vous pas que la déconfiture de la
société parisienne, ou, pour parler net,
l'absence de toute société, le manque de
salons, le décousu des relations, le mélange
écœurant auquel on est exposé, la nullité
de la conversation, la platitude et le vide de
l'existence, soi-disant mondaine, ont gran-
dement contribué à dégoûter de ce milieu
vulgaire et factice les natures fines et aristocratiques, les hommes vraiment distingués et vraiment élégants, qui ont une personnalité très tranchée et qui n'aiment pas
à être noyés dans la foule des imbéciles et des parvenus? Je ne veux pas citer
de noms, mais voyez combien il y en a, et
des plus charmants, qui se sont volontaire-
ment retirés sous leur tente et qui vivent
à l'écart, uniquement par dédain d'un
genre de vie qu'ils considèrent comme très
au-dessous d'eux. Tenez pour certain que
si Brummel vivait à notre époque, il en
ferait tout autant et qu'il passerait parfai-

tement inaperçu. Que diable voudriez-vous qu'il fît dans cette galère!...

Ici un profond silence. Le groupe paraissait à bout d'arguments et on allait se séparer, comme toujours, sans rien conclure, lorsqu'un viveur sur le retour, un peu défraîchi, mais étonnamment bien conservé et grand faiseur de théories sur la galanterie, se leva brusquement du fauteuil où on le croyait endormi d'un sommeil de plomb, et intervint dans le débat :

— Je n'ai pas perdu un mot de ce que vous venez de dire. Tout cela est très intéressant, très ingénieux et, sur certains points même, très vrai. Mais aucun de vous, mes chers amis — souffrez que je vous le dise — n'a mis le doigt sur la plaie. Si les femmes du monde n'ont plus à leur service que des courtisans de cinquième catégorie, si, petit à petit, elles ont dû se résigner à disputer aux hétaïres les non-valeurs du sexe prétendu fort, ce n'est, sachez-le bien, ni parce qu'elles sont plus frivoles que leurs grand'mères, — celles-ci étaient adorablement futiles et n'en avaient que plus de charme, — ni parce que l'amour a disparu de nos mœurs — il est aussi vieux que le monde et il vivra aussi longtemps que lui. Ce n'est pas non plus la faute à Sapho — cette jeune personne, peut-être un peu originale, j'en conviens, n'a rien de précisément moderne ; elle est née et elle a brillé, comme vous le savez, à une époque assez reculée ; elle a eu, de tout temps, n'en déplaise aux professeurs de morale, de ferventes admiratrices et son culte est, d'ailleurs, de ceux qui n'excluent nullement le cumul. Ce n'est donc ni pour ceci, ni pour cela, ni pour aucune des raisons que vous avez invoquées que... votre fille est muette. Non : c'est tout simplement et tout prosaïquement parce que, de nos jours, pour courtiser une femme du monde dans le mouvement, pour suivre sa vie et son train, il est indispensable d'avoir... au moins cinquante mille livres de rente. Or chacun sait que, par le temps qui court, ce ne sont pas toujours les mieux nés, les plus intelligents, les plus élégants ni les plus séduisants qui jonglent avec les billets de banque. Il arrive donc que les femmes comme il faut, qui en réalité ont toujours beaucoup moins choisi qu'on ne l'imagine, puisqu'elles ne peuvent le faire que dans leur entourage, ne pêchent plus qu'en eau trouble et n'attrapent que du poisson avarié... Ne vous récriez pas, je m'explique.

L'introduction, dans l'ancienne société, des financiers de quatrième ordre, de la juiverie sous toutes ses formes et de tous les maroufles *piastreux* qui empoisonnent Paris n'a pas eu seulement pour résultat d'augmenter le luxe d'une façon phénoménale, de créer des besoins et des exigences ridicules et de rendre la vie difficile aux gens du monde qui, sans être besogneux, ne roulent pas absolument sur l'or ; elle a encore exercé une influence funeste sur l'esprit des femmes, bouleversé leurs idées, déboulonné leurs principes, entamé leur sens moral et détruit ce qu'il y avait de meilleur dans leurs préjugés.

Il y a vingt-cinq ans — pas plus — une femme du monde qui se respectait aurait eu honte d'accepter de l'un de ses attentifs autre chose que des fleurs. Jamais un homme bien élevé ne se serait risqué à lui offrir davantage, et s'il l'avait osé, il eût été incontinent et vertement remis à sa place. Les moins bégueules se faisaient une sorte de point d'honneur de se distinguer en cela des *demoiselles* et mettaient rigoureusement en pratique cette fière maxime d'une grande dame espagnole, très connue pour ne pas refuser grand'chose à ses amis : *Una mujer pode hacer todo, peró por nada* (Une femme peut faire tout, mais pour rien). Mais après l'entrée en scène des veaux d'or, tout changea. Naturellement, pour se faire accepter et bien voir, ils cherchèrent à tirer parti, à défaut de mieux, de leur unique avantage.

Ils offrirent timidement, pour commencer, des loges et des dîners au cabaret; puis des petits cadeaux, puis... des grands. Ces dames furent d'abord un peu étonnées; elles firent des façons. On leur prouva qu'elles n'y entendaient rien et que les jolies femmes ne devaient jamais dépenser leur argent. Elles se résignèrent. Peu à peu, la nouvelle morale de M. Dumas (le fils) aidant, elles s'apprivoisèrent tout à fait; tant et si bien, qu'au moment où je parle, la plupart d'entre elles, non seulement trouvent naturel et correct de laisser tout payer aux hommes qui les accompagnent, mais encore elles les carottent volontiers. Quelques-unes acceptent parfaitement de leurs... amoureux des boucles d'oreilles de dix mille francs pour le jour de l'an et un mobilier complet pour leur fête... Quant à la note restée en souffrance chez la couturière, c'est un vieux cliché hors d'usage que l'on abandonne dédaigneusement aux demi-castors.

Vous voyez bien qu'il faut, au bas mot, cinquante mille livres de rentes pour naviguer dans les eaux d'une femme du monde de 1889 et que cette considération suffit à expliquer le *parce que* du *pourquoi*... Faute de grives elles mangent des merles.

———

Et si l'on m'objecte que ce récit, très moral au fond, est un peu vif dans la forme, je répondrai que je ne suis qu'un simple sténographe et que ce n'est pas ma faute si ce qui se dit au club entre deux et trois heures du matin échappe à la censure.

VIEILLE COQUETTE

VIEILLE COQUETTE

Eh bien, oui ! plus elle a de rides, plus elle se fane, plus est édentée et fardée, la vieille coquette, et plus elle a d'adorateurs. A peine un des privilégiés qui composent... sa cour a-t-il tourné de l'œil, usé jusqu'à la corde par des assiduités démesurément prolongées, que la fine fleur des prétendants se bouscule à sa porte pour attraper le mouchoir et tâcher de se glisser à la place encore toute chaude de l'amant *tortillé*. Jeunes et vieux, grands seigneurs et roturiers, gaillards à tempérament solide et viveurs épuisés — comme les femmes d'Imbert de Saint-Amand... à la Librairie Nouvelle — se disputent à qui mieux mieux les œillades de la noble douairière. Cela est incroyable, mais cela est ainsi.

C'est qu'elle est une bien grande dame (comme dans la *Tour de Nesle*) qui, à défaut de plaisirs capiteux et de jouissances enivrantes, procure à ses sigisbées du relief dans le monde, des dîners en ville — beaucoup de dîners en ville, — l'admiration des collégiens et, ce qui vaut mieux, les câlineries et les avances de pas mal de jeunes et jolies femmes. Et puis, son patrimoine est cossu ; elle a fait un somptueux héritage et... l'on ne sait pas ce qui peut arriver.

Voilà pourquoi, pour un... amoureux qu'elle a perdu, elle est aussitôt courtisée par quatre seigneurs de haute importance. Entre les quatre, son cœur balance.

Le premier est un homme sérieux, horriblement sérieux. C'est un pontife qui,

depuis des années, fait sa cour dans une
cave et déclare sa flamme en style épique,
dans des écrits que personne ne lit. L'Académie — car à quoi bon le cacher plus longtemps? c'est elle dont il s'agit — l'Académie le trouve bien un peu ennuyeux,
un peu vieillot et un peu froid ; elle le
voudrait plus fringant, plus à la mode
et plus entreprenant. Mais, voilà, les
autres pontifes, ses confrères, avec lesquels
il faut compter, crient par-dessus les toits
qu'il est admirable, étonnant, immense,
que l'Académie est une personne de qualité que nul contact vulgaire ne doit souil-
ler et qu'elle n'est point faite pour subir les
outrageantes brutalités du premier farceur
venu. Or, lui est grave, prodigieusement
grave ; il est chaste aussi et il n'a pas couru
les ruelles ; il n'a jamais fait parler de lui ;
il n'a jamais prêté à rire... De plus — et
c'est là, ô mes amis, un point important,
ne l'oubliez pas — il est de la coterie qui,

de père en fils, fait commerce des choses de l'esprit, prétend monopoliser le talent, décerne les couronnes et distribue les fauteuils académiques. Il a chanté — en sourdine, mais enfin il a chanté les louanges d'une haute et puissante maison — celle qui n'est pas au coin du quai — pour laquelle la vieille dame a un faible marqué et qui ne dédaigne nullement, à l'occasion, de payer ses réclames en monnaie de singe, je veux dire en sièges à l'Académie. La tradition est la tradition, que diable. Gardons notre prestige et ne tombons pas dans les platitudes du jour.

Le deuxième soupirant, tout le monde le connaît. C'est le *grand rasoir* de l'Écriture : il en est question dans l'Apocalypse au chapitre soixante-dix ; rien, absolument rien de la violette. Il opère toujours à ciel ouvert, devant une nombreuse galerie, avec emphase, avec bruit, d'un air conquérant et avantageux et compromet, sans sourciller,

la dame de ses pensées. Il ébruite ses bonnes fortunes par tous les moyens dont il
dispose en les exagérant même volontiers. Il
vous les raconte soir et matin et matin et soir
en vous attrapant par le bouton de votre
habit, sans se donner le temps de souffler.

Il vous éblouit, il vous ahurit, il vous
obsède. Il vous parle de ses exploits comme
si vous les connaissiez parfaitement ; il vous
récite des fragments de ses œuvres, que
vous n'avez point lues, et attend vos éloges ;
il vous explique comme quoi il a tout vu,
tout compris, tout deviné, tout prévu ; bref,
il vous e...nnuie à pleurer. Le pis est qu'il
endort, paraît-il, les académiciens eux-
mêmes, qui, pourtant, n'ont pas le sommeil
facile. On raconte que nombre d'immortels,
dépouillés successivement, par ce candidat
turbulent, de leurs boutons, auraient dit
en prenant leur café : « Il est possible
que M. X... ait du mérite, mais il est
vraiment bien agité et bien ennuyeux. »

Voyons, messieurs, soyons sérieux. Agité, je comprends que cela vous chiffonne ; vous n'aimez pas être secoués comme des pruniers et vous redoutez les émotions violentes. Mais ennuyeux ?... Franchement, là, entre nous, est-ce une raison pour être exclu de votre compagnie ?... Et si, d'avoir noirci énormément de papier sans montrer trop d'esprit, sans offenser ni la morale, ni la pudeur, ni les convenances, ni les préjugés, ni vous-mêmes, est, comme on le prétend, un titre sérieux à votre bienveillance, avouez que le *grand rasoir* « *dignus est intrare* » tout autant que bien d'autres et beaucoup plus que quelques-uns que vous faites mine de lui préférer.

Le troisième, ah ! le troisième..., saluons, c'est Lovelace. Enivré par des succès faciles, gâté par l'admiration béate d'un entourage hypnotisé, grisé d'encens par ses victimes, il ne doute plus de rien, le jeune et entreprenant mousquetaire. Il met le poing sur la hanche, relève fièrement sa moustache et se plaint avec hauteur d'avoir failli attendre. Prenez garde, messire, la vieille dame est susceptible et elle est sur le point de se fâcher ! Mince bagage, au surplus, que celui de ce cavalier, bien novice et bien inexpérimenté pour jouer d'emblée les grands rôles. Il est venu, il a vu et il a... voulu vaincre. Mais les vétérans des grandes batailles se sont mis à le regarder de travers et insinuent, non sans aigreur, que ses quarante printemps, ses exploits brillants, mais peu nombreux et sa phénoménale assurance ne sont peut-être pas suffisants pour lui ouvrir des portes qu'il semble avoir la prétention d'enfoncer.

Lui, comme Guzman, ne connaît pas d'obstacles. Il s'impatiente, il trépigne, il rudoie l'objet de sa flamme, il menace de se mettre en grève, et cherche à s'imposer par la violence et l'intimidation ; système essentiellement moderne de faire sa cour

qui choque et effarouche l'altière Académie.
Elle le trouve gentil, elle ne demande pas
mieux que de lui faire les yeux doux, mais
elle se défie de sa jeunesse et de sa fougue,
elle doute encore, la vieille futée, de son
talent et de sa constance et elle hésite à se
jeter dans ses bras. Un peu de patience, de
persévérance, de soumission et énormément
de petits soins finiront peut-être par avoir
raison de ses rigueurs, à moins que... la
toquade une fois passée et le sang-froid
revenu, tout cela ne serve à rien. Après
la violence et l'amour, il ne resterait plus,
en cas d'échec, qu'à recourir, comme dans
la *Belle Hélène,* au troisième moyen :
la ruse...

Quant au quatrième aspirant aux bonnes
grâces de dame Académie, c'est la séduction
en personne. Ses prouesses se comptent par
centaines, ses charmes sont irrésistibles,
son esprit est proverbial, sa gaieté et son
entrain sont désopilants. Il apporterait cer-

tainement beaucoup d'animation, de vie et
d'agrément dans un intérieur si superlativement sévère qu'on y a grand besoin d'un
rayon de soleil. Aussi, sans oser l'avouer,
peut-être, le désire-t-on ardemment. Oui,
mais il y a le respect humain, la fooorme,
le décorum. Songez donc, un homme qui
ne prend pas la vie au sérieux, qui rit de
tout, qui s'amuse, qui amuse les autres et
qui fait des pièces légères ! Et puis, on prétend qu'il est volage, qu'il aime toutes les
femmes, qu'il courtise la brune et la blonde
et qu'il ne mène pas une existence régulière.
Il est vrai que les gazettes ont pris soin de
nous faire savoir qu'il ne pose jamais de
lapins. Mais qu'est-ce que cela peut faire
à l'Académie ? Elle ne les craint pas les
lapins, elle ; au contraire. Ce qu'elle ré-
prouve c'est la dissipation, c'est la fantaisie,
c'est l'incorrection... Quel dommage, un
candidat si sympathique ! Et un si beau
talent ! Si seulement il voulait se ranger un

peu et vivre pendant un an comme un honnête bourgeois avec... sa cuisinière! S'il n'allait plus dans les coulisses du Palais-Royal et des Variétés, qui sont des endroits de perdition et de malheur, et s'il écrivait une bonne comédie pour le Théâtre-Français, bien incolore, bien morale, bien ennuyeuse!... Mais non, il faut renoncer à cet espoir. Que faire alors! Que va-t-il se passer? Il y a un vide; il faut le combler. On le comblera, c'est certain. Et ce seront, au dernier moment, les intrigues, les cabales, de groupes et de sous-groupes, les compromis, les influences de boudoirs, qui trancheront la question. Autant vaudrait tirer à la courte paille.

Pas commode, d'ailleurs, le métier de candidat. Il faut avoir un prurit extravagant d'Académie et un rude estomac pour s'y résigner. Ce qui passe l'imagination et confond la raison, c'est qu'il en sorte de dessous terre à jet continu et, qu'à chaque élection, il y ait toujours cinq ou six amateurs en présence pour un fauteuil disponible. Qu'est-ce qui peut bien pousser à cette extrémité des gens, en dehors de cela, raisonnables et tranquilles ? Je me suis souvent posé cette question sans parvenir à la résoudre. Car enfin, par le temps qui court, ce n'est pas pour une maigre satisfaction d'amour propre, contestable du reste, qu'il est admissible qu'un homme intelligent et indépendant se soumette, de gaieté de cœur, à une pareille épreuve.

Remarquez que l'Académie est partagée actuellement en trois coteries, qui se disputent l'influence : la coterie des ducs — tous orléanistes, — les auteurs dramatiques et les indépendants. Aucune élection ne peut plus se faire sans un accord préalable entre deux au moins de ces fractions opposées. Or, il ne manque jamais d'arriver que lorsqu'un candidat a le rare bonheur de plaire à messieurs les ducs, les auteurs dramatiques et les indépendants l'ont, par cela même, prodigieusement dans le nez. Celui qui, en revanche, est patronné par les indépendants et les auteurs dramatiques devient la bête noire des ducs. Et l'oiseau rare qui, à force de manigances, de courbettes ou de notoriété, est parvenu à se créer des intelligences dans les trois groupes, ne passe le plus souvent que parce que l'on veut en écarter un autre. Allez donc vous y frotter !..

Et le supplice des visites ! Se faire une tête de circonstance, s'attifer en ministre protestant, composer son maintien et grimper parfois jusqu'à un sixième étage pour aller voir des messieurs qui pontifient, qui vous écrasent sous des formules de politesse, vous accablent de leur supériorité et abusent de la situation pour vous faire avaler toutes sortes de couleuvres, croyez-vous que ce soit drôle ? Si vous avez l'air trop satisfait de vous-même, si vous faites trop valoir vos titres, vous exaspérez les augures qui n'ont plus qu'une idée : piétiner sur vos prétentions et vous faire rentrer dans le néant. Si, au contraire, vous êtes trop modeste, si vous paraissez douter de vos mérites, si vous parlez humblement de vos œuvres, on dit que vous reconnaissez vous-même votre indignité et on s'empare de votre modestie pour la retourner contre vous. Joindre la prudence du serpent à l'astuce du renard est de rigueur en pareil cas. Ce n'est pas précisément d'une simplicité enfantine, comme vous voyez, et il en est plus d'un qui succombent à cette première étape.'

Encore si c'était tout ! Mais, après cela, vient la campagne de presse ; viennent les cajoleries, les flagorneries, les petites bassesses aux directeurs de journaux, aux uns pour attacher le grelot et vous faire une publicité à tout casser, aux autres pour les empêcher de vous éreinter. Il faut les voir, les revoir, les voir encore, aller dix fois chez eux pour les trouver une, les endoctriner, les harceler. Il faut courir les salons influents, aussi assommants que littéraires, y faire la bouche en cœur, y être à la fois amusant, spirituel, réservé et obséquieux, très remarqué et très humble. Sans compter la collection de vieux bas-bleus, de femmes *académiques* laides, sèches, bavardes, affectées, prétentieuses, frottées de fausse érudition, auxquelles on est tenu de faire la cour et de débiter des madrigaux, lorsqu'on voudrait les voir à tous les diables. Il n'y a pas jusqu'à votre concierge qui ne devienne un persónnage et que vous ne soyez obligé de ménager, car vous redoutez ses indiscrétions sur votre vie privée. Au total, un train de galérien et beaucoup de peine pour... pas grand'-chose.

Une seule espèce de candidat se donne

un peu d'agrément et retire, quoi qu'il arrive, un certain profit de ses démarches. Celui-là est un malin, que je comprends et que j'admire. C'est le monsieur qui n'ayant rien fait qu'un unique mauvais livre, profondément ignoré et moisissant au fond d'une librairie, se réveille un beau matin avec l'idée fixe de se présenter, sans rime ni raison, à l'Académie. Il est seul à y songer. Il fait ses visites en amateur, ce qui l'amuse énormément et ajoute à sa liste un certain nombre de belles connaissances et de noms ronflants.

Puisqu'il est candidat, les journaux parlent de lui. Il a d'ailleurs des amis dans la presse qui prônent son talent et qui déclarent au besoin que, sous aucun prétexte, il ne se retirera. Du jour au lendemain et sans le moindre effort, il devient célèbre, il est connu de tout Paris et il commence à vendre son livre que jamais personne n'avait songé à acheter ; si bien que

15.

l'éditeur, ébloui et alléché, le réédite à nouveau. Le jour du scrutin venu, il n'a pas une seule voix. Mais que lui importe ? N'est-il pas, désormais, un homme lancé, un auteur qui se vend, — sans jeu de mots ? — Dans dix ans, on ne se souviendra plus de son piteux échec, on oubliera qu'il n'était désigné que par lui-même aux suffrages des immortels, et son nom restera dans l'esprit du public — et des libraires aussi, — comme celui d'un pontife qui a failli être académicien et qui le sera probablement une fois ou l'autre... pour peu qu'il vive encore quarante ans. Pourquoi pas?

Ne trouvez-vous pas qu'on ne peut rien désirer de mieux? Rien, si ce n'est la douce philosophie de cet homme d'esprit ayant à son actif littéraire trois fois plus qu'il n'en faudrait raisonnablement pour entrer, toutes voiles dehors, dans la docte assemblée, à qui on demandait dernièrement comment il se faisait qu'il n'eût point encore songé à y pénétrer, et qui répliqua finement :

— J'ai le temps d'attendre. En tout cas, j'aime mieux que l'on dise de moi : « Pourquoi ne se présente-t-il pas ? » que de faire dire : « Pourquoi se présente-t-il ? »

Le pauvre Jules Janin qui, a son corps défendant, se donnait un mal énorme pour endosser l'habit à palmes vertes qu'on aurait dû lui présenter sur un plateau d'argent massif, eût bien voulu pouvoir prendre des airs aussi détachés. Mais les femmes de sa famille n'entendaient pas de cette oreille ; et, comme un de ses amis s'étonnait de le voir se trémousser ainsi :

— Mon cher, lui répondit-il tristement, à moi cela m'est égal, mais si je n'entrais pas à l'Académie, ma belle-mère ne croirait jamais que j'ai du talent !...

Et maintenant, que conclure ? Depuis que nous nous croyons égalitaires et que nous barbotons dans les marécages démocratiques, la mode est devenue plus tyrannique que jamais. La prétendue égalité ne consiste qu'à vouloir des faveurs et des privilèges pour tous ; on raffole d'élégance, de panache et de notoriété. Pour certaines gens, être de l'Académie est le suprême du chic ; pour d'autres, « c'est bon pour la vente à l'étranger », comme dit naïvement l'excellente Mme C... Je ne prétends point lui ravir ses illusions, ni empêcher mes contemporains de se pâmer devant les galons et de faire consister leur ambition à se coller une étiquette dans le dos. Mais enfin, sans être trop irrévérencieux, on peut bien se demander si la pupille du grand cardinal n'est pas un peu trop vieillie, trop démodée, trop vieux jeu pour notre époque et si, plutôt que de la voir s'encanailler et devenir ridicule — ce qui, sauf le respect que je lui dois, ne manquera pas de lui arriver un de ces matins, — il ne vaudrait pas mieux, pour cette bonne vieille dame, que l'on mît moins d'empressement à briguer ses faveurs, qu'elle-même se tînt désormais le plus possible à l'écart et que, satisfaite des brillants succès de son jeune temps, elle achevât tranquillement et sans trop faire parler d'elle, une carrière des mieux remplies ?

LA

SPORTOMANIE DES FEMMES

LA SPORTOMANIE DES FEMMES

Eh bien, non, là, vrai, cela devient insensé et prodigieusement inquiétant aussi ! La saison dernière, à Longchamp, il y avait encore plus de femmes que de coutume dans l'enceinte du pesage, ce qui serait agréable et charmant si elles étaient là, comme autrefois, pour se faire admirer, pour montrer leurs fraîches toilettes printanières, pour flirter, pour papoter, et non pour parier comme de simples book-makers, leur programme d'une main, un crayon de l'autre, avec une attention, une gravité, une émotion fébrile parfaitement agaçantes, désillusionnantes et humiliantes pour notre sexe.

Il faut les voir dans ce rôle-là. C'est à ne pas les reconnaître. La plus jolie, la plus élégante, la plus capiteuse, devient momentanément insipide et presque déplaisante. Elle vous a des allures de remisier, une mine rébarbative, affairée et prosaïque, qui contrastent d'une façon tout à fait choquante avec les grâces de son visage et les délicieux ajustements de sa personne.

Si vous essayez de leur parler, sans leur apporter un *tuyau* ou leur proposer un pari avantageux, elles vous reçoivent comme un chien dans un jeu de quilles. Quant à hasarder un compliment ou leur glisser un mot de galanterie, il n'y a point à y songer. Elles ne vous font même pas l'honneur de vous écouter ou elles vous regardent d'un air de souverain mépris, qui signifie :

« Mais d'où, diable, sort donc ce provincial !
Est-ce que l'on vient ici pour débiter des
fadaises ? » C'est à se demander en vérité où s'arrêtera cette déplorable manie.
A force de nous prendre nos goûts, nos ridicules et nos vices, les femmes finiront
par nous ôter l'envie de les admirer, de les
courtiser et de les servir ; ce qui serait aussi
fâcheux, au bout du compte, pour elles que
pour nous. Quelle drôle d'idée tout de
même que de se donner un mal énorme
pour descendre de son piédestal ! Encore
si le jeu en valait la chandelle et si elles
en récoltaient beaucoup d'agrément. Mais
il s'en faut terriblement. Ah ! si elles savaient ! !.. Mais, voilà, elles ne savent pas,
ou pour mieux dire, elles n'y pensent pas.
Et puis, il y a maintenant des messieurs
qui aiment mieux les chevaux que les
femmes et qui les entretiennent dans l'illusion que la sportomanie leur donne du
piquant. Et puis... et puis...

Je faisais, à part moi, ces réflexions, tout en me promenant mélancoliquement dans la foule bruyante, agitée et singulièrement mêlée qui a envahi depuis quelques années, le coin jadis le plus aristocratique et le plus superlativement élégant de Paris. J'examinais, faute de mieux en philosophe les silhouettes féminines les plus saillantes de ce tripot d'un nouveau genre et je suivais machinalement leur petit manège. Peu à peu, j'en vins à me demander ce qui avait bien pu pousser ces adorables Parisiennes, sémillantes, coquettes, empoignantes, femmes jusqu'au bout des ongles, à une pareille extrémité et pourquoi, elles qui sont faites pour ce métier-là comme moi pour rempailler des chaises, elles ont cru devoir abdiquer leur souveraineté et donner, tête baissée, dans un des travers masculins les plus assommants qui se puissent imaginer. Ce que j'ai découvert, je vais vous le dire. Ce n'est peut-être pas bien malin mais j'ai idée que c'est instructif.

Les femmes font aujourd'hui du sport à tout âge et dans toutes les situations. Elles sont élevées dans des milieux où la maladie fait rage, entre un père qui gobe régulièrement la culotte sur le favori, et se met à table avec une figure d'une aune, et des frères qui s'échappent du *bahut*, où ils ont pointé les gagnants pendant l'étude, pour suivre toutes les courses et fréquenter tous les hippodromes. Dès leur plus tendre enfance, elles n'entendent parler que *performances, poules des produits, étalons, saillies, Derby, cote*, etc., et elles grandissent avec l'idée que ce genre d'occupation est la quintesse du chic, le sublime de l'élégance et du bon ton. Jeunes filles, elles s'imaginent que leur mari ne pourra être qu'un sportsman ; elles grillent d'envie d'être initiées, et si elles échappent à la surveillance de leur gouvernante, ce n'est plus pour lire des ro-

mans, c'est pour dévorer en cachette le programme d'Auteuil ou de Longchamp et pour
se procurer furtivement le résultat de la
dernière course. Avoir leur place dans la
tribune réservée, y trôner, y risquer de
l'argent — beaucoup d'argent — est leur
rêve le plus cher. Dès qu'elles seront mariées, elles y voleront.

Elles font du sport à vingt-cinq ans,
parce que c'est à la mode, parce que leur
mari commence à les délaisser et qu'elles
s'ennuient parce que ces messieurs n'ont
pas d'autre conversation et qu'il faut bien
leur plaire, parce que c'est un moyen de
se faire voir, d'exhiber ses toilettes et d'avoir
du succès, parce que les hommes à bonnes
fortunes n'aiment plus à se déranger et que,
si on veut les avoir, on est obligé d'aller
les chercher où ils sont, parce que c'est un
excellent prétexte pour tirer à son seigneur
et maître de délicieuses petites carottes.

Elles font du sport à quarante ans, parce

qu'elles ont eu des déceptions, qu'elles ne veulent plus aimer et que ça les distrait, parce qu'elles y ont pris goût et qu'elles sont devenues joueuses, parce qu'elles rencontrent sur le *turf* toutes leurs amies, parce qu'elles y recrutent du monde pour leurs dîners et leurs raouts, parce qu'elles ont un intérêt dans une écurie de courses, parce que cela les débarrasse pour quelques heures de leur mari et de leurs enfants. Il est si ennuyeux leur mari ! Sans compter qu'elles pourront au moins lui donner la réplique. Elles en sauront autant que lui en matière de sport et pourront le coller lorsqu'il dira des bêtises. Jugez donc ! quelle satisfaction ! Il en dit tant de bêtises !...

Elles font du sport lorsqu'elles sont amoureuses, parce qu'IL est membre du Jockey-Club, que les courses sont la seule chose qui l'amuse, qu'il a de gros intérêt engagés dans toutes ; parce que, naturellement, IL n'en manque pas une, parce qu'IL ne comprendrait pas l'indifférence en pareille matière et qu'il en ferait même un grief, parce qu'elles sont jalouses et qu'il faut le surveiller, parce que ça fait rager les petites camarades quand on a suivi ses conseils, et gagné tout ce qu'on a voulu : « Vous avez de la chance, vous, ma chère ! On voit bien que vous êtes dans le secret des dieux. Mais aussi, il n'est pas donné à tout le monde d'être renseigné comme vous... »

Elles font du sport lorsqu'elles donnent des bals, pour recueillir des compliments et des louanges qu'on n'irait pas leur faire à domicile, pour passer en revue leur clientèle et préparer les invitations. Les pontifes de la piste tiennent le haut du pavé dans le monde, et, quand on reçoit, on est forcé de compter avec eux. Un grand train de maison oblige, d'ailleurs, à toutes les élégances, et les courses sont la meilleure des occasions pour montrer ses équipages à tout Paris.

Elles font du sport parce qu'elles ont des filles à marier et que ça les aide à dénicher les bons partis !

Elles font du sport lorsqu'elles sont sottes, parce cela suffit à leur bonheur et que ça les dispense d'être spirituelles.

Elles font du sport lorsqu'elles sont intelligentes, pour faire comme tout le monde et pour se mettre à la hauteur des imbéciles qui composent leur intimité.

Elles font du sport lorsqu'elles sont laides, parce qu'elles n'ont pas autre chose à faire, parce que ça leur crée un entourage et les dédommage pour un instant de la froideur habituelle des hommes.

Elles font du sport quand elles sont... cocottes, parce que ça attire le pigeon et leur rapporte de l'argent.

Bref les femmes font du sport pour toutes sortes de raisons bonnes ou mauvaises, rarement pour leur agrément. Elles s'assimilent cette manie avec une effrayante facilité, l'exagèrent comme tout ce qu'elles font, finissent par croire que c'est arrivé et deviennent, par certains côtés, de plus en plus masculines. Ah ! si elles savaient ce qu'il peut leur en coûter.

L'ART DE SUIVRE

L'ART DE SUIVRE

—

C'est à tort que quelques misanthropes, tristes pontifes de l'amour platonique, partisans convaincus de la cour discrète et prolongée, font courir le bruit que rien n'est plus sot, plus ridicule et, surtout, plus inutile que le métier de *suiveur*.

On s'empare, en effet, d'une place forte de deux façons : en en faisant le siège selon toutes les règles de l'art par des travaux d'approche savamment combinés et conduits avec une sage lenteur, qui ne laisse que peu de chose à l'imprévu ; ou bien, en

16.

lui donnant l'assaut et en l'emportant de vive force. Cela dépend du tempérament et des ressources de l'assaillant. Il en est de même pour les femmes ; et en amour comme à la guerre, le succès appartient le plus souvent aux audacieux.

Ce qui signifie, en d'autres termes, que d'essayer d'entrer en relations avec une personne du sexe ennemi, qui vous est totalement inconnue, en la suivant dans la rue ou ailleurs, est quelquefois plus malin qu'on ne pense et beaucoup plus productif que les purs théoriciens ne le prétendent. On a vu plus d'un roman parisien commencer de cette façon. Seulement, il faut savoir s'y prendre. N'est pas suiveur qui veut. Il y a des qualités innées, des talents acquis et des règles invariables qui sont indispensables pour bien suivre. On doit avoir du nez, du fond, de la finesse, de l'expérience, un œil de lynx, un jarret d'acier et une connaissance approfondie, non seu lement des endroits où le gibier se remise de préférence, mais encore de toutes ses habitudes, de toutes ses ruses, de toutes ses défenses et des moyens par lesquels on le dépiste, on le lève, on le chasse et on à chance de le prendre. A défaut de quoi on n'est qu'un vulgaire badaud destiné à s'éreinter en pure perte et à rentrer infailliblement bredouille.

—

RÈGLES GÉNÉRALES

Ne pas se laisser prendre aux femmes qui, dans les endroits très fréquentés ont l'air de flâner en montrant leur pied, voire même le bas de leur jambe, et qui vous regardent dans le blanc des yeux avec un aplomb et une insistance qui pourrait vous faire croire qu'elles ont l'intention préméditée de vous faire de l'œil. Trois fois sur quatre, ce sont des gaillardes connaissant leur Paris sur le bout du doigt, sachant parfaitement de quoi il retourne, coquettes par dépravation, hardies par habitude et par éducation, dévisageant les hommes par curiosité et par amour de l'art, vicieuses, sans doute, jusqu'à la moelle, mais ne pratiquant la galanterie qu'à bon escient. Femmes mariées, demi-castors ou horizontales de l'espèce bourgeoise et prévoyante, qui ont une vie *déréglée* comme un papier de musique, des amants à domicile, échelonnés suivant leurs besoins et leur appétits et une sainte horreur des aventures et de l'imprévu.

Ou bien encore ce sont des indifférentes et des distraites qui s'en vont chez leur couturière en rêvassant, regardant sans voir, marchant en plein boulevard comme si elles étaient dans un désert, faisant inconsciemment les yeux doux à leur propre pensée, ayant un amour au cœur ou un mari et des enfants dans la tête, ne s'occupant nullement de ce qui les entoure et se souciant, sans en avoir l'air, de l'effet qu'elles produisent et des désirs qu'elles peuvent inspirer comme un poisson d'une pomme. Ni avec les unes ni avec les autres, il n'y a rien à faire...

Quant à celles qui se promènent par état et parmi lesquelles quelques grandes artistes ont atteint un tel degré de perfection, qu'à première vue, un amateur inexpérimenté pourrait être induit à les classer dans la catégorie des femmes désirables, il n'y a qu'à les examiner d'un peu près pour les reconnaître et les jauger. Les plus roublardes vous y aident sans vous faire perdre trop de temps. Donc, inutile de se mettre en garde contre leur apparence et leurs séductions. Ceci est un premier point, une précaution défensive absolument nécessaire pour déblayer le terrain et éviter de jeter sa poudre aux moineaux.

Autre recommandation. S'attaquer de préférence aux femmes qui marchent vite,

les yeux baissés, l'air un peu effrayé et embarrassé et qui se contentent, lorsque vous
les regardez avec obstination, de vous lancer, à la dérobée, une œillade de côté.

Si la démarche de l'objet n'est pas ferme
et assurée, s'il y a une certaine gaucherie
dans sa manière de retrousser sa robe et de
traverser les passages difficiles, redoubler
de persévérance et d'audace. C'est une
étrangère, qui ne serait pas fâchée de savoir comment s'y prennent ces Français si
entreprenants, dont on lui a tant dit de se
défier, ou une provinciale en rupture de
surveillance aiguë, qui a une envie folle de
faire l'école buissonnière et de s'amuser un
brin. L'une et l'autre sont facilement abor-
dables, fréquemment liantes, presque toujours très aimables et remplies de bonne
volonté... sans compter que le mari ou
l'amant — parfois tous les deux — sont
généralement restés à Pétersbourg, à
Vienne ou à Rouen ; ce qui vous promet un

certain nombre de soirées heureuses, sans avoir constamment suspendue sur votre tête l'épée de Damoclès du collage à perpétuité.

Suivre plutôt les blondes que les brunes, les rousses que les blondes ; la statistique ayant démontré, sans l'expliquer, du reste, que plus le poil est foncé plus la femme est rébarbative. Mystère et produits chimiques !...

Éviter de suivre de trop près une femme élégante dans un quartier chic, où elle peut rencontrer des connaissances, et une ouvrière à proximité de son magasin. Cela les gêne, les indispose et paralyse toutes leurs bonnes intentions.

Ne jamais se laisser aller a chuchoter des gaudrioles et des obscénités dans le dos de la femme que l'on suit, comme le font ma ladroitement quelques vieillards lubriques et comateux. Non que ça les scandalise. Ça pique leur curiosité au contraire, ça les

amuse presque toujours, ne serait-ce que
pour la rareté du fait ; mais ça les embar-
rasse par trop et les met dans la nécessité
d'ignorer l'auteur de cette conférence por-
nographique, qu'elles ne peuvent décidément pas être censées avoir entendue. Et
puis, c'est idiot... Suivre silencieusement
jusqu'au moment et à l'endroit psychologi-
ques où l'on se décide à aborder — si on
aborde. Le faire alors carrément, sans hé-
sitation et avec le parti pris d'affronter
toutes les rebuffades et de ne pas battre en
retraite après un premier échec.

Entamer la conversation sur un ton doux,
modeste et respectueux. La faire au coup de
foudre, au penchant irrésistible, à l'impres-
sion tellement violente et tellement profonde qu'elle vous fait commettre une
inconvenance et une stupidité. Se con-
fondre en excuses. Ce genre d'entrée en
matière manque rarement son effet. Si on
vous oppose un silence glacial et obstiné,

ne pas se laisser démonter ; continuer de plus belle, parler sans arrêter, devenir folâtre, amusant, original, excentrique et forcer le rire de la partie adverse. Si vous parvenez à la faire sourire, la glace est rompue. Profitez-en sans scrupule aucun et poussez hardiment votre pointe.

En tout cas, ne quitter la place que devant une résolution très marquée de rompre les chiens, suivie d'une démonstration non équivoque, telle que de s'arrêter court et de se mettre à marcher de façon à attirer l'attention de la galerie, dans le sens contraire au vôtre. En pareil cas, s'éloigner adroitement, suivre à distance, savoir l'adresse et le nom de la Lucrèce ; le soir même lui décocher un poulet incendiaire et recommencer ce petit jeu de société chaque fois qu'on la rencontre n'importe où, jusqu'à ce qu'elle finisse par s'humaniser ; ce qui arrive immanquablement au bout de trois ou quatre tentatives, à moins que l'on

17

ne soit tombé sur une vestale ou simplement sur une femme occupée ailleurs.

S'abstenir, en abordant une femme, de lui parler avec affectation de sa fortune et de ses prodigalités. Si c'est une cocotte, elle s'imagine immédiatement qu'on se prépare à lui poser un formidable lapin et, si c'est une femme du monde, elle vous prend pour un boursicotier soudainement enrichi dans le *Rio* et vous couvre d'un souverain mépris.

Faire le plus grand cas des jeunes beautés escortées d'enfants ou de chiens. C'est un gibier généralement facile à approcher et d'une saveur exquise. Recommandées aussi les toutes jeunes femmes en grand deuil...

Fuir comme la peste les péronnelles suivies d'une camériste ou d'une duègne, et celles qui stationnent trop longuement devant les vitrines des bijoutiers.

Ne jamais manquer de suivre avec

acharnement toute jolie femme qui, après vous avoir croisé, se retourne, serait-ce instinctivement ; surtout si c'est instinctivement.

Ne pas dédaigner la jeune fille accompagnée d'une gouvernante. Ça ne vous mène pas à grand'chose. Mais, au point de vue de l'*œil*, ça mord souvent et ça vous repose des autres.

Avoir une mise correcte et élégante, mais se garder de la trop grande recherche et de tout ce qui peut attirer outre mesure l'attention des passants. Marcher droit devant soi d'un pas rapide et déterminé comme quelqu'un qui a un but. Avoir l'œil à tout, se défier de ses amis et connaissances du plus loin qu'on les aperçoit ; faire celui qui ne les voit pas quand on les rencontre inopinément nez à nez et ne s'arrêter sous aucun prétexte à bavarder avec qui que ce soit. Ne pas perdre de vue qu'il ne faut parfois qu'une minute pour mettre à néant le travail opiniâtre de toute une après-midi...

Outre ces règles générales et essentielles, dont tout *suiveur* sérieux doit constamment être pénétré, il en est quelques autres qui s'appliquent aux cas particuliers et qui varient suivant le lieu, le temps et les circonstances. Ainsi :

DANS LA RUE

Il faut suivre plutôt devant que derrière, s'arrêter de temps à autre pour ne pas perdre la piste, laisser passer la personne, la rejoindre en hâtant le pas, la dépasser de nouveau et, autant que possible, surveiller ses mouvements sans se retourner brusquement.

Toutefois, ce système le plus savant et le plus sûr de tous pour de très fins limiers, n'est pas sans inconvénient pour les débutants, qui s'exposent par là à prendre le change et à perdre même complètement la trace du gibier. Celui-ci quand il est retors et qu'il a été chassé souvent, n'ignore point le parti qu'il peut tirer, en pareil cas, de la plus légère faute du chasseur et disparaît parfois subitement par une issue ou revient tout tranquillement sur ses pas.

On peut aussi, dans certaines occasions, suivre par prudence et discrétion sur le trottoir opposé. Mais alors il faut savoir à qui on a affaire et redoubler de vigilance et d'astuce.

Profiter des moindres incidents de la rue, des attroupements, des camelots, des accidents, pour se rapprocher le plus possible de la femme que l'on suit et, s'il y a moyen, engager la conversation. Une femme dont la curiosité est éveillée est naturellement communicative et bavarde. Elle s'abandonne aussi plus volontiers au milieu d'un groupe qu'en tête-à-tête. Axiomes à retenir.

En dehors de cela, n'aborder, si faire se peut, que dans les carrefours, au tournant des rues ou, mieux encore, au moment où la personne traverse la chaussée au milieu des voitures. Les refuges du boulevard et des Champs-Élysées sont incomparables à cet égard ; et, pour peu qu'on ait bien mené son laisser-courre, c'est là que doit sonner l'hallali.

Si on a suivi une femme jusque chez elle sans avoir pu lui parler, avoir soin de se promener un instant devant sa porte. Il y a gros à parier qu'elle ne tardera pas à se montrer à sa fenêtre, où son attitude peut être l'indice de ses dispositions, et ce qui fournira, en tout cas, une précieuse indication. Mais ne pas lever le nez en l'air comme un imbécile et se tenir prudemment à l'écart pour se préserver des inconvénients de l'apparition simultanée du Monsieur, mari ou amant...

Si la femme entre dans une maison qui

n'est pas la sienne, ce qui se voit à certains symptômes auxquels un Parisien ne doit jamais se tromper et notamment au soin qu'elle apporte à s'assurer du numéro, bondir dans l'espace, filer comme un dard et ne pas demander son reste.

—

AUX STATIONS D'OMNIBUS

Ce sont les réserves du suiveur. Pas d'endroit plus giboyeux, plus varié, plus amusant et plus propice pour y tendre ses filets. On y trouve de tout, depuis la femme mariée jusqu'à la demoiselle de magasin, en passant par la comédienne et une certaine catégorie de *demoiselles*, surtout vers la fin de la journée, à l'heure où l'on rentre chez soi pour dîner, et le soir entre huit et neuf.

S'installer, vers ces heures-là, aux alentours du bureau, avoir l'air d'un particulier qui veut prendre l'omnibus, se mettre à l'affût et attendre patiemment. Au bout de très peu de temps, elles affluent de tous les côtés.

Reconnaître la position, sonder le terrain, faire un choix judicieux et aller jusqu'au bout sans se laisser distraire par des oiseaux de passage.

Se planter résolument à côté de l'objet de son choix ; commencer par lui décocher quelques paroles banales et inoffensives sur la difficulté, à certains moments de trouver à se caser, phrases auxquelles elle aurait bien mauvaise grâce à ne pas répondre et auxquelles, en général, elle répond. Observer attentivement l'instant où ayant trouvé un premier omnibus complet — ce qui arrive deux fois sur trois — elle revient énervée et découragée et lui proposer gentiment de la reconduire en voiture dans son quartier. Elle hésite, elle se récrie, mais... presque toujours elle accepte. Ce qui peut arriver de pire c'est qu'elle discute, et par conséquent, qu'elle cause. C'est l'essentiel, car toute femme qui entre en conservation avec un homme qui la courtise perd les trois quarts de ses moyens de défense. Autre axiome à retenir !

Si, au contraire, contre toute attente, elle monte dans la première voiture qui se présente, s'y précipiter immédiatement à sa suite. S'asseoir à côté d'elle ou, si c'est impossible, en face d'elle. Profiter de ce qu'on est serré pour appuyer discrètement son genou ou son pied contre le sien. Tâcher, lorsqu'on n'est pas trop éloigné, de renouer la conversation. Descendre en même temps qu'elle et là entreprendre énergiquement une cour qui a des chances d'être bien accueillie, particulièrement s'il fait sombre. Cette espèce de poursuite, habilement conduite, aboutit plus souvent que toute autre. C'est celle que préfèrent les raffinés.

DANS LES THÉATRES

Toute femme seule dans un théâtre ou accompagnée seulement d'une amie peut être suivie sans inconvénient et avec présomption de succès.

Partant de ce principe, s'attacher sans hésiter aux pas de celles qu'on y rencontre dans ces conditions — les galbeuses s'entend — tant au foyer que dans les couloirs. Les aborder sans la moindre crainte, avec un toupet infernal et leur proposer de les reconduire. Le moins qu'on puisse retirer de cette démonstration offensive c'est leur nom et leur adresse ou la promesse d'un rendez-vous plus ou moins mystérieux.

Si la femme que l'on a remarqué ne bouge pas de sa loge ou de son fauteuil, la lorgner avec persistance pendant toute la représentation, de façon qu'elle ne puisse pas s'y tromper, la regarder de très près sans aucune vergogne, la suivre à la sortie et s'arranger pour lui parler. Il est peu probable qu'on remporte une veste ; attendu qu'une femme qui va au théâtre sans être accompagnée par un mari, un amant ou un ami, à quelque catégorie sociale qu'elle appartienne, quatre-vingt-dix-neuf fois sur cent est animée d'intentions qui n'ont rien de virginal...

Le philosophe et le flâneur qui suit le *suiveur* par dilettantisme — j'en sais plus d'un — et qui, nourri dans le sérail, en connaît tous les détours, ne contredira certainement pas à ces maximes à l'usage des débutants. Ainsi soit-il.

TABLE DES MATIÈRES

Imp. de la Soc. de Typ. — Noizette, 8, r. Campagne-1ʳᵉ, Paris